KB120517

10대부터 알아야 할 환경 이야기

지구를 살리는 기발한 물건10

박경화 지음

한겨레출판

목차

4

재사용 가게

버려진 물건들의
생명 연장

5

공원

복잡한 도시를 살리는
초록 허파

6

야생동물

멸종,
인간에게 보내는 경고

10

패시브 하우스

온실가스를 내뿜지
않는 친환경 집

지구
일보

무엇을, 어떻게 사용할 것인가?

우리는 하루 동안 몇 가지 물건을 사용할까요? 이 글을 쓰고 있는 저는 컴퓨터를 사용하고 있고, 컴퓨터의 플러그는 콘센트와 연결되어 전기에너지로 작동하고 있어요. 컴퓨터는 책상 위에 놓여 있고, 글을 읽고 쓰기 위해 안경을 끼고 편한 옷을 입고, 제가 좋아하는 편한 등받이가 있는 의자에 앉아 있어요.

책 한 권을 쓰기 위해 서점과 도서관, 인터넷에서 수많은 책과 자료를 구해서 읽었고 수첩과 볼펜, 카메라 같은 다양한 물건을 사용했어요. 만약 이 물건들 중 하나라도 없었다면 매우 큰 불편을 느꼈을 거예요. 이처럼 우리는 날마다 다양한 물건을 사용하고 있어요.

여러 나라의 가정을 촬영해온 사진작가에 따르면 몽골 가족은 집 안에 물건 300개를 가지고 있고, 일본 가족은 무려 6,000개를 사용하고 있다고 해요. 300개와 6,000개, 과연 누가 더 행복할까요? 사용하는 물건의 종류와 행복을 가늠할 수 있을까요? 그렇다면 우리 집에서는 몇 가지 물건을 사용하고 있을까요?

친환경의 대명사로 알려진 에코백, 예쁜 천으로 만들어서 튼튼하고 씻어서 계속 사용할 수 있는 에코백은 매우 유용한 물건이에요. 그런데 영국 환경청은 면으로 만들어진 가방은 131회 이상을 사용해야 일회용 비닐봉지를 대체하는 효과가 있다고 발표했어요. 에코백이 친환경 물건으로 널리 알려지면서 가게와 시장에서 쉽게 구할 수 있게 되었고, 행사장이나 모임에서 무료 기념품으로 주는 일도 흔해졌어요. 그러자 에코백의 생산량은 기하급수적으로 늘어났지만 실제 사용 빈도는 그리 높지 않고 너무 흔해서 소중하게 사용하지도 않아요.

텀블러 역시 마찬가지예요. 스테인리스강과 플라스틱 등으로 만들어 보온과 보냉이 가능한 고급 제품인 텀블러는 플라스틱으로 만든 테이크아웃 컵이나 물병보다 친환경 제품으로 널리 알려져 인기를 끌고 있어요. 그러나 텀블러도 너무 흔하고 무료로 나눠주는 것도 많아서 점점 골칫거리 신세가 되고 있어요. 결국 어떤 제품을 선택할 것인가도 중요하지만 어떻게 사용할 것인가가 더욱 중요해요.

편리한 생활을 꿈꾸는 사람들은 기존에 사용하던 물건보다 훨씬 뛰어난 기능을 가진 기발한 물건을 계속 발명하고 있어요. 이런 물건이 널리 보급되면서 생활의 불편을 덜어주고 힘든 일도 가볍게 해결해줘요. 또 어떤 물건은 쓰레기의 양을 대폭 줄여주고 에너지 사용량을 줄여서 지구를 살리는 일에 한몫하기도 해요.

이 책은 우리가 사용하는 수많은 물건들 중 지구를 살리는 기발한 물건은 무엇이고, 이 물건들이 어떤 방법으로 지구를 살리고 있는지 담아냈어요. 젓가락과 스테인리스강 그릇, 종이, 자전거, 재사용 가게 등 우리가 흔히 사용하는 물건의 의미를 되짚어보고, 물건이 탄생하게 된 배경과 역사, 친환경의 의미 등을 살펴보았어요.

최근에 널리 이용하고 있는 태양전지와 적정기술, 새로운 건축물인 패시브 하우스에 대해서도 알아보았고, 기발한 물건의 목록은 아니지만 친환경 생활을 위해 우리가 꼭 알아야 할 공원과 야생동물에 대한 이야기도 담았어요. 복잡한 도시에 사는 사람들을 위해 도시계획의 하나로 발명한 공원과 멸종 위기를 맞고 있는 야생동물을 통해서 우리 삶을 돌아보고 생태 감수성을 살릴 수 있는 내용도 담았어요. 또 물건과 관련된 현재의 논쟁을 중심으로 토론하면서 서로의 생각을 이해할 수 있는 '지구일보' 기사도 실었어요.

이 책에 담긴 물건의 목록 외에도 지구를 살리는 기발한 물건들은 매우 다양해요. 지구를 살리는 나만의 물건 목록을 직접 만들어보는 건 어떨까요? 이 기발한 물건들과 함께 보다 깨끗하고 안전한 지구를 만들기로 해요.

2019년 7월
박경화

1

가장 안전한 그릇

스테인리스강

플라스틱의 불편한 진실

　한국 사람에게 밥은 참 중요해요. 밥심으로 산다는 말도 있지요. "밥은 먹었어요?"라는 말은 식사를 했냐는 질문이지만 요즘 별 탈 없이 잘 지내냐는 안부의 말이기도 하고, 때로는 밥 한 끼 같이 먹으면서 얘기 좀 하자는 의미가 담겨 있기도 해요. 신기하게도 이 짧은 말 한마디에 여러 가지 뜻이 담겨 있어요. 또 오늘 입맛과 기호에 따라서 국수나 짜장면, 스파게티를 선택할 수도 있지만 단순하게 밥 한 끼 같이 먹는 것을 통틀어서 "밥 먹자"고 말하기도 해요. 우리나라 사람에게 끼니를 대표하는 것은 역시 밥이니까요. 우리는 밥을 먹어야 배가 든든해지고 힘이 생기는 쌀 문화권에 속해 있어요.

　오늘 먹은 따뜻한 밥은 어떤 그릇에 담겨 있었는지 기억나나요?

음식이 맛있었는지, 양은 충분했는지가 중요하지 그릇이 뭐가 중요하냐고요? 음식을 담는 용도를 가진 것이 그릇이지만 어떤 그릇에 담느냐에 따라 음식이 맛있어 보이기도 하고 그렇지 않기도 해요. 밥의 온기를 오래 보관하는 그릇이 있는가 하면, 표면의 유해한 성분이 음식에 배어 사람의 건강을 해치는 그릇도 있어요. "병은 입으로 들어간다"는 옛말도 있지요. 우리가 먹는 음식이 건강에 큰 영향을 미친다는 뜻인데, 음식뿐 아니라 음식을 담는 그릇도 그만큼 중요해요. 이런 생각에 미치면 그릇을 보는 눈이 좀 달라지지 않나요?

음식을 담는 그릇은 사기와 유리, 플라스틱, 스테인리스강, 옹기, 나무 등 종류가 다양합니다. 스티로폼이나 종이로 만든 일회용 그릇도 있지요. 냄비나 프라이팬 같은 주방도구까지 살펴보면 알루미늄과 코팅 프라이팬, 실리콘, 무쇠 등 더욱 다양한 재질이 있습니다. 주방도구에는 밥그릇뿐 아니라 주걱, 국자, 냄비, 프라이팬, 바가지, 주전자 등 다양한 조리도구가 있지만 여기서는 통틀어서 주방도구를 대표하는 도구를 그릇이라고 할게요.

그릇마다 특징이 있고 장단점이 있지만 눈여겨봐야 할 것은 플라스틱 그릇이에요. 우리 집 주방의 찬장과 싱크대를 찬찬히 살펴보세요. 어떤 종류의 그릇이 많은가요? 냉장고에 들어 있는 반찬통을 살펴보면 플라스틱 종류가 유난히 많지 않나요? 플라스틱은 매우 편리하지만 불편한 진실이 담겨 있어요. 바로 환경호르몬 때문이에요.

호르몬은 우리 몸에서 꼭 필요한 물질이에요. 성장호르몬은 키가 클 때 필요하고 성호르몬은 여자와 남자의 특징을 구별하게 해줘요. 환경호르몬은 바깥 환경에서 만들어진 화학물질인데 사람의 몸에 들어와 마치 호르몬처럼 작용하면서 정상의 몸 상태를 바꿔버려요. 원래 이름은 '내분비 교란 물질endocrine disruptors'이라고 해요.

환경호르몬은 주로 성(性)과 관련된 활동을 합니다. 너무 빨리 사춘기가 오는 성조숙증을 일으키고, 이 성조숙증 때문에 성장판이 닫혀버려서 키가 제대로 자라지 못해요. 여자는 자궁암이나 유방암 발병률이 높아지고 불임에 영향을 미쳐요. 남자는 생식기가 작아지거나 정자의 숫자가 크게 줄어들기도 해요. 성격이 산만하여 공부에 집중하지 못하고 행동이 과격하여 남들을 종종 공격하는 것도 어쩌면 환경호르몬의 영향일 수 있어요.

이 밖에도 환경호르몬은 여러 가지 질병에 영향을 미칩니다. 환경호르몬은 샴푸와 세제 속 합성계면활성제, 모기를 잡는 살충제, 논밭에서 뿌리는 농약, 중금속, 의약품 등에 다양하게 숨어 있는데 음식과 호흡기, 피부 점막 등을 통해 우리 몸에 들어와요. 또 플라스틱과 비닐, 스티로폼으로 만든 그릇이나 숟가락, 컵, 비닐 팩, 컵라면 용기, 랩 등에 뜨겁거나 기름진 음식을 담으면 미세한 유해 성분이 녹아 음식과 함께 우리 몸으로 들어와요. 이렇게 환경호르몬은 천연 재료가 아닌 석유를 원료로 하여 만든 화학물질에서 나오는 경우가 많아요.

놋그릇과 푸른 녹

요즘 우리는 그릇에서 환경호르몬이 나올까 걱정이지만 예전 사람들은 녹이 골칫거리였어요. 차례를 지낼 때나 고급 한정식 식당에서 반짝반짝 빛나는 놋그릇을 본 적 있나요? 구리에 주석이나 아연, 니켈을 섞은 합금으로 만든 것을 놋쇠라고 하고, 이것으로 만든 그릇을 놋그릇, 유기(鍮器)라고 해요.

놋그릇은 놋쇠 덩어리를 불에 달구어 두드려서 만드는 방짜 유기와 쇳물을 틀에 부어 모양을 만든 뒤 다듬질을 하는 주물 유기가 있어요. 본래 방짜 기법으로 만든 것만 놋그릇이라 불러야 하지만, 구리에 주석을 합금한 청동(靑銅)이나, 구리에 니켈을 합금한 백동(白銅)도 놋쇠라고 불러요. 또 1945년 해방 이후 청동이나 백동으로 만든 주물

식기도 놋그릇이라 불렀어요. 어쨌든 이 그릇에 공통으로 들어가는 핵심 재료는 구리였어요.

놋그릇이 처음 어떻게 만들어졌는지 정확하게 알 순 없지만 놋그릇은 삼국시대에도 사용했어요. 신라에서는 놋그릇을 전문으로 다루는 관청인 철유전(鐵鍮典)이라는 상설기구를 설치했고, 고려시대의 왕족과 귀족은 방짜 기법으로 생산한 청동 그릇을 식기로 썼어요. 고려시대에는 놋쇠를 만드는 솜씨가 뛰어나 중국 교역품 중 으뜸이 되었고, 외국 사신들도 놋쇠로 만든 제품을 가져갔다고 해요. 조선시대에는 도자기 그릇을 널리 썼지만 양반들은 놋그릇을 가장 좋아했어요. 그릇뿐 아니라 제사를 지낼 때 사용하는 제기와 대야, 요강까지 놋쇠로 만들었어요.

사진 | 이광희

▲ 놋그릇에 음식을 담으면 음식이 잘 식지 않고 유해성도 금방 알 수 있다.

1940년대 일제강점기 때 일본 제국주의가 태평양전쟁에 쓸 병기를 만들기 위해 '유기 공출'이라는 명목으로 집집마다 애지중지 사용하던 놋그릇과 제기, 등잔 등 모든 유기를 강탈하는 일이 벌어졌어요. 그러자 사람들은 땅에 묻는 등 다양한 방법으로 숨기려고 애썼어요.

놋그릇은 밥을 담으면 잘 식지 않고 농약 성분이 덜 씻긴 음식물을 담으면 얼룩이 생겨서 금방 유해성을 알 수 있어요. 식중독을 일으키는 대장균도 이 그릇 안에서 죽어요. 놋그릇 안에 들어 있는 구리가 세균을 죽이는 역할을 한다고 해요. 그러나 놋그릇은 공기 중에 그냥 두면 파란 녹이 슬기 때문에 관리하기가 매우 힘들어요.

놋그릇을 사용할 때마다 윤이 날 때까지 박박 닦아서 녹을 제거해야 사용할 수 있어요. 녹을 제거하는 전용 세제나 수세미가 개발되기 전에는 지푸라기를 수세미처럼 둘둘 말고 그 안에 모래나 연탄재를 넣고 힘주어 빡빡 닦아야 반짝반짝 윤이 났어요. 그릇을 사용할 때마다 힘들게 닦아야 하니 음식을 만드는 사람들에겐 이 그릇이 얼마나 원망스러웠을까요. 더구나 1960년대부터 난방 연료가 나무 땔감에서 연탄으로 바뀌기 시작했는데, 연탄가스는 사람에게도 아주 해롭지만 주방용품에도 영향을 미쳤어요. 부엌에 일산화탄소가 퍼지자 놋그릇은 더욱 쉽게 변색되고 말았어요.

그러던 중 1960년대 중반에 스테인리스강 그릇이 나오자 사람들은 이 그릇에 반해버렸어요. '스텐' 혹은 '스텐 그릇'이라고 불렸던 이

▲ 스텐 그릇은 가볍고 반짝이고 녹도 슬지 않고 은식기 느낌도 나서 인기가 높다.

그릇은 가볍고 반짝이고 녹도 슬지 않아서 물로 닦기만 하면 되었어요. 또 은과 비슷한 색깔이라 은식기 같은 느낌이 났고, 깨끗이 닦기만 해도 광택이 유지되었어요. 그릇 장수가 손수레에 스텐 그릇을 잔뜩 싣고 마을로 찾아오면 너도나도 놋그릇을 들고 나가서 바꿨다고 해요. 놋그릇이 훨씬 비싸고 좋은 그릇이라는 걸 알고 있었지만 말이에요.

당시엔 놋그릇 외에 가벼운 양은그릇도 많이 쓰고 있었는데, 이 그릇이 인체에 해로운 영향을 미칠 수 있다는 소문이 났어요. 알루미늄의 단점을 보완한 알루마이트alumite는 순도 99.7퍼센트의 알루미늄을 전기 처리하여 산화 피막을 형성한 뒤 코팅으로 방수 처리를 한 금속이에요. 1950년대 중후반부터 주전자와 냄비, 도시락, 식기, 찬합, 수저통, 국자, 밥통, 대야 등 각종 생활용품에 널리 쓰고 있었어요. 그런데 알루마이트의 코팅이 벗겨지면 알루미늄이 노출되어 사람의 몸에 해롭다는 사실이 알려지자 사람들은 안전한 스텐 그릇에 더욱 관심을 보였어요.

스테인리스강의 발명

녹에 대해 고민한 사람들은 외국에도 있었어요. 금 같은 귀금속을 제외한 대부분의 금속은 공기 중의 산소나 물을 만나면 산화작용이 일어나면서 표면에 붉거나 푸른 녹이 슬어요. 녹이 슬면 쇠 같은 금속의 표면은 거칠어지고 광택이 사라지기 때문에 사람들은 오래전부터 녹을 없애는 방법을 연구했어요.

매우 단단한 철을 녹이면 여러 가지 모양으로 만들 수 있어요. 철은 다른 재질에 비해 성형이 쉽고, 다른 금속과 합금도 잘되어 건축물과 자동차, 가정용품, 사무용품까지 다양한 분야에 널리 쓰이고 있어요. 그런데 철은 공기나 물과 접촉하면 붉은 녹이 슬면서 부식이 시작되고 수명도 줄어드는 단점이 있어요. 또 녹 성분이 몸속에 들어가면 나쁜 영향을 미치기도 해요.

이런 문제를 극복하려고 만든 것이 바로 스테인리스강stainless鋼이에요. 스테인리스강은 철과 크롬을 섞어서 만든 합금인데, 크롬이 산화(酸化, 물질이 산소와 화합하는 것)되어 철의 표면에 얇은 피막을 형성해요. 이 피막이 철이 산소나 물에 노출되지 않도록 막아주기 때문에 녹이 슬지 않아요. 이 스테인리스강은 우연히 발명되었어요.

영국 셰필드 지역에 있는 브라운 퍼스 연구소의 연구원으로 일하던 해리 브리얼리Harry Brearley가 처음으로 발견했어요. 브리얼리는 총기를 제작할 때 사용할 수 있도록 부식에 강한 금속을 개발하려고 연구에 몰두하고 있었어요. 1912년 어느 날, 브리얼리는 점심식사를 한 후 공장 뜰을 산책하다가 반짝반짝 빛나는 쇳조각을 발견했어요. 고온에 견딜 수 있는 철강재를 개발하려고 여러 가지 실험을 하다가 쓸

▲ 해리 브리얼리.

모없다고 생각해서 버렸던 쇳조각이었어요. 그런데 버려진 지 오래되었고 비도 흠뻑 맞았지만 쇳조각은 조금도 녹슬지 않았어요.

이 쇳조각을 자세히 분석해보니 철과 크롬이 혼합되어 있었어요. 철과 크롬을 일정한 비율로 합금하면 녹이 슬지 않는다는 것을 발견한 것

이지요. 그 후 브리얼리는 연구를 계속하여 1920년 무렵 '녹이 슬지 않는 철강rustless steel'을 상업화하는 데 성공했고, 이 철강재를 '스테인리스스틸stainless steel'이라고 부르게 되었어요. 스테인리스스틸은 얼룩이라는 뜻의 '스테인stain'에, 없다라는 뜻을 가진 '리스less'가 붙으면서 스테인리스stain-less가 되었어요. 우리나라에서는 줄여서 '스텐, 스뎅'이라고 부르지만 스테인리스강이 올바른 표기예요.

스테인리스강은 부식이 일어나기 어려운 성질인 내식성(耐蝕性, 금속이나 토양, 광물 등이 부식되거나 침식되지 않고 잘 견디는 성질)뿐 아니라 가볍고, 내구성(耐久性, 물질이 변하지 않고 오래 견디는 성질)도 강해요. 오래 두어도 색이 변하지 않고 세균 번식을 막는 성질도 가지고 있어요. 그래서 그릇과 냄비, 프라이팬 같은 주방용품과 가전제품, 의료기기뿐 아니라 건축과 기계, 자동차와 선박 등 산업 현장에서도 널리 쓰이고 있어요.

안전한 그릇 중 하나로 손꼽히는 것도 바로 스테인리스강 그릇(이하 스텐 그릇)이에요. 물론 유리 그릇과 사기 그릇, 나무 그릇도 안전한 그릇이에요. 그러나 유리와 사기는 무거운 데다 깨질 수 있다는 단점이 있어요. 소풍이나 나들이 갈 때 유리나 사기 그릇에 음식을 담아가면 너무 무거워서 고생해요. 나무 그릇은 가볍지만 물에 오래 담가두면 그릇이 상하기 때문에 빨리 씻어서 물기를 잘 말리고 곰팡이가 슬지 않도록 관리를 잘해야 해요. 그러나 스텐 그릇은 가볍고 잘 변하지 않고 안전해요. 내구성이 강해서 휘거나 찌그러지지 않고 김치나 절임류처럼 색깔이 짙고 냄새가 강한 음식을 담아도 색이 물들거나 냄새가 나지 않아요. 반영구적으로 사용할 수 있어요. 또 플라스틱 그릇에서 나오는 비스페놀A나 중금속 같은 유해물질 걱정도 없어요. 좋은 그릇이란 음식을 담았을 때 안전하고, 사용하기 편리하고, 관리하기도 편한 그릇이에요.

스테인리스강

플라스틱의 탄생

스텐 그릇이 지구를 살리는 기발한 물건이 된 것은 플라스틱 때문입니다. 가볍게 쓰고 버리는 일회용품의 대명사가 된 플라스틱은 어느새 우리 생활 곳곳을 차지하고 있어요. 각종 전자제품과 가구, 의자, 장난감, 공구, 생활소품뿐 아니라 그릇과 음료수병, 반찬통, 수저, 음식 포장용기 등 플라스틱이 없는 생활은 이제 상상할 수 없을 정도예요.

플라스틱plastic의 어원은 고대 그리스어 플라스티코스plastikos에서 왔어요. 이 단어는 '빚어낸다, 성형이 가능한'이라는 뜻을 가졌어요. 플라스틱의 장점은 바로 여기에 있어요. 플라스틱은 가볍고 원하는 모양으로 만들 수 있을 뿐 아니라 투명하게, 또는 화려한 색깔로 만들 수도 있어요. 전기가 통하지 않는 절연성이 뛰어나 가전제품이나 안전제품 등에도 다양하게 활용하고 있어요. 플라스틱은 석유를 사용한 이후 개발되어 불과 100년 정도 썼지만 지구촌 사람들의 생활을 점령해버렸어요. 플라스틱은 어떻게 탄생했을까요?

플라스틱은 당구공을 만들다가 처음 발명했습니다. 19세기 미국 상류층에서는 당구가 유행했는데, 그때는 아프리카 코끼리에서 얻은 상아로 당구공을 만들었어요. 잔인하게도 코끼리를 죽여 상아를 뽑고 둥글게 연마해서 당구공을 만들었어요. 상아 모양 그대로를 장식품으로 쓰기도 하고 상아를 가공하여 빗과 단추, 도장 등으로 다양하게 만들다 보니 당연히 코끼리의 수가 급격히 줄어들고 당구공 값도 매우 비싸졌어요. 그러자 당구공을 만드는 회사들은 상아를 대신할 재료를 찾기 시작했는데, 상금 1만 달러를 걸고 상아를 대체할 재료를 찾는다는 광고를 냈어요.

이 광고를 본 인쇄공이자 발명가였던 미국인 존 하이엇John Hyatt 은 여러 해 동안 상아 대체 물질을 찾기 위해 실험을 계속했어요. 그러던 중 1869년 녹나무에서 추출한 화학 성분인 장뇌와 니트로셀룰로오스nitrocellulose(질산셀룰로오스)를 알코올에 넣고 혼합하여 새로운 물질을 만들었어요. 하이엇은 이것을 '셀룰로이드celluloid'라고 이름 붙였는데, 이것으로 당구공뿐 아니라 철과 나무, 동물 뼈로 만들었던 당시의 생활용품을 대체할 수 있게 되었어요. 그러나 천연수지 플라

▲ 우리가 일상생활에서 사용하는 플라스틱은 종류가 무척 다양하다.

스틱인 셀룰로이드는 지금 우리가 사용하는 합성수지 플라스틱과는 달랐어요.

지금 우리가 사용하는 플라스틱을 발명한 사람은 미국에서 전기 화학회사를 운영하던 레오 베이클랜드Leo Baekeland예요. 그는 1905년 부터 셸락shellac(깍지벌레인 인도락벌레의 분비물로 만든 상업용 수지)을 대신할 합성물질을 연구하다 포름알데히드와 페놀을 고온·고압에서 축합시켜 열경화성 플라스틱(가열했을 때 물러지지 않는 플라스틱)을 발명했어요. 그는 자신이 만든 최초의 합성 플라스틱 이름을 '베이클라이트'라고 이름 짓고 전기 전열체를 생산했는데, 곧 발명 갑부가 되었어요. 그러자 많은 화학자들이 합성수지 발명에 나섰고 이후 다양한 합성수지를 발명하게 되었어요.

지금 우리가 사용하는 플라스틱의 재료는 석유예요. 석유를 정제하면 온도에 따라서 LPG부터 시작해서 가솔린, 나프타, 등유, 경유, 중유, 아스팔트까지 여러 종류로 나눌 수 있어요. 이 중 휘발유를 생산하는 과정에서 '나프타'라는 부산물이 나오는데, 이것을 가공하여 플라스틱을 비롯해서 여러 가지 화학물질을 생산해요. 플라스틱 종류는 수백 가지인데, 열을 가하면 성형이 가능한 플라스틱(열가소성 수지)과 열을 가하면 딱딱해져서 성형이 어려운 플라스틱(열경화성 수지)으로 크게 나눌 수 있어요.

폴리에틸렌PE이나 폴리프로필렌PP, 폴리스티렌PS 등 우리가 흔히 사용하는 플라스틱은 열가소성 수지로 열을 가해 녹이고 다시 성형할 수 있어서 재활용이 가능해요. 그러나 접시나 밥공기 등으로 사용하는 플라스틱은 열경화성 수지(멜라민 수지)로 만들어 재활용이 되지 않기 때문에 종량제 봉투에 넣어서 버려야 하는 것도 있어요.

플라스틱은 종류가 매우 다양할 뿐 아니라 어떤 것이든 원하는 모양으로 만들 수 있고, 오래 사용할 수 있어 장점이 많은 물질이에요. 그러나 이런 장점이 단점이 되기도 해요. 플라스틱은 종류가 너무 다양해서 많은 쓰레기 더미에 뒤섞인 플라스틱을 종류별로 일일이 나눠서 재활용하기란 쉽지 않아요. 특히 일회용품 중에는 플라스틱이 많고 쓰레기 중에서도 플라스틱류가 많지만 실제 재활용하는 양은 매우 적어요.

플라스틱 퇴출 대작전

플라스틱의 가장 큰 문제는 여러 가지 환경문제의 원인이 되고 있다는 것입니다. 육지에 남아 있는 플라스틱 쓰레기는 땅속이나 물속을 오염시키고, 태우면 다이옥신 같은 유해물질을 내뿜어요. 플라스틱이 분해되는 기간은 100년에서 500년이라고 하는데, 과학자들은 플라스틱을 사용한 지 겨우 100년 정도라서 정확한 분해 기간을 알 수 없다고 해요.

냇물과 강물을 따라 바다로 흘러간 비닐봉지와 스티로폼 등의 플라스틱은 물고기와 새를 비롯한 자연 생태계에 좋지 않은 영향을 미쳐요. 파도를 따라 이동하면서 크기가 점점 작아진 플라스틱 쓰레기는 먹이인 줄 착각하여 덥석 삼킨 새와 물고기의 위에 들어가 소화되

▲ 함부로 버린 플라스틱 쓰레기는 새와 물고기의 목숨을 위협하고 있다.

지 않은 채 그대로 남아 있어요. 플라스틱을 섭취한 물고기와 새는 결국 영양실조로 죽어요. 새와 물고기는 죽어서 몸이 썩어도 플라스틱 조각은 그대로 남아 있어요. 바다를 떠돌며 크기가 점점 작아진 미세 플라스틱은 조개와 굴, 소금에 섞여 있기도 해요. 이것이 다시 우리 식탁으로 돌아오기도 해요. 결국 우리가 버린 쓰레기가 우리 밥상으로 되돌아오는 셈이에요.

지구촌 곳곳에서 이런 문제가 생기자 새로운 대안이 등장하고 있습니다. 일회용 비닐봉지를 가장 강력하게 규제한 나라는 아프리카 케냐예요. 2017년 8월부터 케냐에서는 산업용 목적 외에는 비닐봉지를 제조하거나 판매, 사용할 수 없어요. 케냐에서 비닐봉지를 팔거나 이용하는 사람은 징역 최소 1년~최고 4년, 벌금은 2,100~4,300만 원이나 된다고 해요. 케냐 사람들의 월평균 소득이 20만 원 정도인데, 벌금 4,300만 원은 정말 엄청난 금액이에요.

해마다 케냐의 슈퍼마켓에서만 비닐봉지 1억 개 이상을 사용했는데, 이것이 환경문제를 일으키고 야생동물을 위협하자 전면 금지하게 되었어요. 쉽게 사용한 뒤 마구잡이로 버린 폐비닐이 배수구를 막아버려 곳곳에 물웅덩이가 생겼는데, 이곳이 모기 서식지가 되면서 말라리아가 늘었고 홍수 피해도 늘어났다고 해요. 또 야생동물의 천국인 케냐 곳곳에 비닐봉지가 날리면서 보기에도 좋지 않을 뿐 아니라 비닐 쓰레기를 먹은 동물들이 병에 걸리기도 했어요. 그러자 케냐 정부가 강력한 대책을 시행하게 된 거예요.

아프리카의 다른 국가들도 비닐봉지 사용 금지에 적극 나서고 있어요. 2016년 7월 모로코도 비닐봉지 생산과 사용을 금지했고 모리타니, 르완다, 탄자니아, 우간다, 소말리아 등도 동참했어요. 영국은 2025년까지 플라스틱 쓰레기를 줄이겠다고 선언했고, 유럽연합에서도 비닐봉지 사용량을 2025년까지 80퍼센트 줄이기로 했어요. 미국 시애틀에서는 2018년 7월부터 외식업체에서 플라스틱 빨대와 식기류를 제공하면 벌금 250달러를 부과하기로 했어요. 칠레도 쇼핑용 비닐봉지 사용을 금지하기로 했어요.

서울시도 2022년까지 일회용 플라스틱 사용량을 50퍼센트 줄이고, 재활용률을 70퍼센트 높이는 '일회용 플라스틱 없는 서울' 사업을 추진하고 있어요. 공공청사는 물론이고 공공기관에 입점해 있는 카페와 매점 등에서도 일회용품을 사용하지 않기로 했어요. 또 시에서 주최하는 행사에서도 일회용품을 쓰지 않고, 시민들과 함께 다양한 캠페인도 벌이고 있어요.

일회용품을 사용하지 않는 카페도 등장했어요. 카페 안에서는 유리나 사기로 된 컵에 음료를 담아 주고 스테인리스 빨대를 음료에 꽂아줘요. 음료를 밖으로 가져가고 싶어 하는 손님에게는 일회용 플라스틱 컵 대신 텀블러에 담아 주고 나중에 되돌려 받는 방식으로 운영하고 있어요. 자신의 컵이나 물병을 가져온 손님들이 그릇을 씻어서 사용할 수 있도록 개수대를 따로 마련한 곳도 있어요. 이들은 플라스틱을 사용하지 않는 '플라스틱없다방'이라는 이름으로 서로 경험과 정보를 나누고 친환경 행사를 함께 여는 등 다양한 활동을 하고 있어요.

포장지를 사용하지 않는 가게도 있어요. 쌀과 보리 같은 곡류나 참외, 토마토 같은 과일, 채소 등을 살 때 천으로 된 주머니와 장바구니, 그릇 등의 포장용기를 가져가면 필요한 양만큼 담고 저울에 무게를 달아서 가격을 지불하면 되니 간단해요. 그럼 물건을 사서 집으로 돌아왔을 때 포장지를 뜯어 쓰레기통에 한가득 버리지 않아도 돼요.

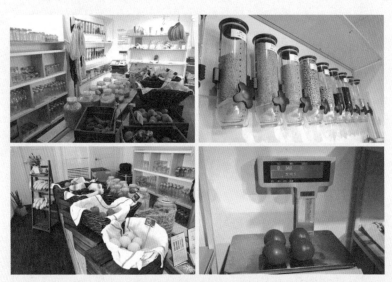

▲ 포장지 없는 가게에 장 보러 갈 때는 천 주머니나 포장용기를 챙겨 가야 한다.

서울시 마포구 성산동의 마을회관에서는 스텐 그릇을 마련해놓고, 마을 사람들이 빌려 가서 쓸 수 있게 해주고 있고, 많은 사람들이 모이는 행사 때 컵과 접시, 그릇 같은 스텐 제품을 대량으로 빌려서 사용했다가 돌려줄 수 있는 사회적 기업도 등장했어요.

한편, 스텐 제품을 즐겨 사용하는 사람들은 인터넷에 '스텐팬을 사용하는 사람들의 모임(cafe.naver.com/jaynjoy)'을 만들어 스텐 프라이팬의 사용법뿐 아니라 여러 스텐 제품의 사용법과 장점 등 다양한 정보를 나누고 있어요. 이들은 스테인리스강이 얼마나 편리하고 안전한지를 알리기 위해 노력하고 있어요.

이처럼 우리 생활에서 플라스틱을 단번에 퇴출시킬 순 없지만 줄일 수 있는 방법은 매우 다양하고, 지구촌 곳곳에서 플라스틱 문제를 해결하기 위해 노력하고 있어요. 플라스틱의 문제를 해결하는 대안용품 역시 다양하지만 그중 가장 안전하고 오래 사용할 수 있고 쓰임새가 많은 것은 바로 스테인리스강이에요. 이것이 바로 스테인리스강이 지구를 살리는 기발한 물건에 이름을 올린 까닭이에요.

지구
일보

인류의 역사를 구분할 때 어떤 도구를 주로 사용했느냐에 따라 구석기와 신석기, 청동기, 철기시대로 나눈다. 그렇다면 지금은 어느 시대일까? 대개 사람들은 철기시대라고 생각하지만 지금은 플라스틱 시대이다. 가장 널리 사용하고 있는 것이 바로 플라스틱이기 때문이다.

▶ 플라스틱 사용량을 줄일 수 있을까?

플라스틱은 우리 생활 곳곳에 자리 잡고 있다. 아침에 일어나 물을 마시려고 가장 먼저 찾는 정수기와 냉장고에도 플라스틱이 있고, 물병과 컵 역시 플라스틱, 식탁과 의자에도 플라스틱이 있다. 욕실에서 몸을 씻고 닦기 위해 사용하는 칫솔과 세숫대야, 머리빗, 드라이어 등도 플라스틱 제품이고, 컴퓨터와 핸드폰, 텔레비전처럼 늘 사용하는 가전제품에도 어김없이 플라스틱이 들어 있다. 그뿐인가. 자동차, 비행기, 공공시설, 빌딩, 공장, 산업계 등에서도 광범위하게 사용하고 있어 이제 플라스틱이 없는 곳을 찾기란 매우 어렵다.

그러나 플라스틱의 유해성이 점점 드러나고 알려지면서 플라스틱 사용을 줄이려는 사람들도 늘고 있다. 테이크아웃 컵이나 플라스틱 빨대처럼 가볍게 쓰고 버리는 일회용 플라스틱을 줄이고 자신이 아끼는 물병이나 텀블러를 이용하고, 쇼핑이 끝나면 곧 쓰레기가 되는 포장용 플라스틱을 줄이기 위해 에코백이나 가방을 이용하는 사람들도 있다. 주방에선 유리병이나 강화유리, 스텐 그릇처럼 오래 사용할 수 있는 그릇을 사용하고, 플라스틱 그릇을 유난히 많이 사용하는 배달음식을 거부하는 사람들도 있다.

이런 플라스틱 퇴출 움직임이 나타나자 단체와 모임, 기업 등에서는 텀블러와 에코백을 기념품으로 나눠주면서 환경 캠페인을 벌이기도 한다. 환경 행사뿐 아니라 평소에도 텀블러와 에코백 사용을 생활화해 환경을 살리자는 좋은 의미이다.

그러나 이런 기념품을 너무 많이 생산하고 보급하면서 이 또한 환경문제를 일으킨다고 주장하는 사람들도 있다. 환경운동가 A씨는 행사 때마다 공짜로 받은 에코백이 너무나 많고, 텀블러도 너무 다양해서 어디에 기부를 할까 고민하고 있다고 말했다. 친환경 실천도 좋지만 결국 대량생산은 자원 낭비이고, 대량 폐기로 이어지기 때문에 친환경 기념품도 적절한 생산과 유통이 중요하다는 것이다.

한편, 플라스틱 퇴출 운동에 대해 부정적인 의견을 내는 사람들도 있다. 개인과 단체, 지방자치단체와 정부가 함께 노력하면 일회용 플라스틱 쓰레기를 어느 정도는 줄일 수 있지만 생활 곳곳에 광범위하게 퍼져 있는 플라스틱 사용량을 대폭 줄이는 것은 불가능하다는 주장이다. 플라스틱만큼 다양하게 사용할 수 있는 소재가 드물고, 이것을 대체할 재료 또한 마땅치 않기 때문이다. 예를 들어 현재 사용하고 있는 플라스틱을 친환경 소재인 나무로 바꾼다면 지구촌에 있는 수많은 숲이 사라질 것이다. 과연 플라스틱 사용량을 줄이는 것이 가능할까?

토론해보아요

1. 위의 글을 읽고 자신의 의견을 말해보세요. 만약 내가 플라스틱을 생산하는 공장의 사장이라면, 플라스틱 줄이기 캠페인을 벌이는 환경운동가라면 각각 어떤 주장을 펴고 싶은지 토론해보세요.

_____

_____

2. 플라스틱을 어떻게 사용해야 지구에 미치는 영향을 보다 줄일 수 있을지 자신의 생각을 말해보세요.

_____

_____

2

단단하고 깨끗하고 오래 쓰는 식사도구

금속 젓가락

단순하지만 쓸모 있는
식사도구

젓가락질은 잘하나요? 식사를 할 때 숟가락보다 젓가락질이 더 편하다고요? 쌀과 콩알같이 크기가 작은 음식을 잘 집을 수 있나요? 도토리묵같이 잘 미끄러지는 음식도 문제없이 집어 올린다면 진정한 젓가락 실력자로 인정해줄게요.

젓가락은 단순하고도 날렵하게 생겼어요. 쌍둥이처럼 똑같은 모양으로 생긴 두 개의 막대기가 한 쌍을 이룬 젓가락은 사용하기에도 편리하지만, 가벼워서 휴대하기 좋고 보관하기에도 좋은 물건입니다. 몸이 비쩍 마른 사람을 젓가락이라는 별명으로 부르기도 해요. 하지만 밥상 위에서 젓가락의 역할은 그리 단순하지 않아요. 한국인의 밥상에서 젓가락이 없는 풍경을 상상해보세요. 뭔가 허전하고 굉장히 불편한 기분이 들지 않나요? 여러 가지 반찬을 한 상 가득 차려놓고 먹는 한국의 음식을 포크나 나이프로 말끔하게 비울 수 있을까요?

젓가락은 지렛대 원리를 이용하여 음식을 집어 올리는데, 이때 손가락에 있는 관절 30여 개와 미세한 근육 70여 개가 동시에 움직이며 두뇌 활동을 도와줍니다. 그래서 손과 두뇌를 함께 쓰는 젓가락질을 열심히 하면 두뇌 발달에 큰 도움이 되지요. 또 가늘고 긴 막대기 두 개가 한 쌍을 이루는 젓가락은 혼자일 때는 제구실을 못 하지만 둘이 힘을 합치면 자기 몫의 일을 거뜬히 해낼 수 있어요.

혼자일 때는 너무나 나약한 존재지만 두 사람이 힘과 지혜를 모으면 못 해낼 일이 없다는 삶의 지혜를 젓가락이 잘 보여주고 있는 것 같아요. 이처럼 젓가락은 늘 두 개가 함께 있어야 하고 서로 돕는 역할을 하기 때문에 아시아에서는 부부 또는 연인의 행복을 기원하는 뜻으로 주고받기도 해요.

그런데 젓가락질을 언제 어떻게 배웠는지 기억하나요? 아마도 기억에서 사라진 아기 때 서투른 숟가락질부터 시작해서 젓가락질을 아주 천천히 배웠겠지요. 밥알을 떨어뜨리고 국물을 옷에 흘리고 반찬을 얼굴에 묻히는 실수를 수없이 반복하면서 식사도구 다루는 법을 배웠을 거예요. 어린아이가 처음 젓가락질을 배울 때 손가락을 끼워서 사용하는 연습용 젓가락은 일본에서 처음 개발했다고 하는데, 이런 연습용 젓가락까지 필요한 걸 보면 숟가락과 포크, 나이프 같은 식사도구 가운데 젓가락이 가장 배우기 어려운 도구인 게 분명해요. 성인이 된 서양인들도 젓가락질을 매우 어려워하는 걸 보면 말이에요. 그러나 무릇 한국인이라면 젓가락질을 유연하고도 민첩하게 잘해야 해요. 한국인의 밥상에선 젓가락을 빼놓을 수 없으니까요.

전 세계에서 젓가락을 사용하는 젓가락 문화권은 한국과 중국, 일본, 베트남을 비롯한 동남아시아 특정 지역, 몽골, 티베트까지 세계 인구의 30퍼센트가량이에요. 이 중 한국과 중국, 일본이 젓가락 인구의 많은 비중을 차지하고 있어요. 오래전부터 동양에서는 나무 두 개만 있으면 식사를 할 수 있었어요. 적당한 굵기의 나무를 즉석에서 뚝딱 잘라서 밥과 국수, 반찬 같은 동양의 음식을 집어 먹으면 편리하니까요.

그렇다면 젓가락을 처음 사용한 곳은 어디일까요? 영어로 쓴 최초의 젓가락 역사서인 《젓가락》(에드워드 왕 지음)을 보면 젓가락으로 추정되는 가장 오래된 유물이 발견된 곳은 중국이라고 합니다. 중국의 신석기 문화 유적지에서 젓가락처럼 생긴 긴 뼈 막대를 발견했는데, 만약 이 유물이 젓가락이 확실하다면 기원전 5000년이나 그 이전부터 젓가락을 사용했다는 것을 알 수 있다고 해요. 당시 기록이 없으니 누구도 장담할 순 없지만 말이에요.

당시 젓가락은 요리할 때와 식사할 때 두 가지 용도로 썼을 거라고 추측하고 있어요. 음식을 만들 때 젓가락을 사용하면 조리도구가 되지만 젓가락으로 음식을 집어 그릇에 담거나 입에 넣으면 식사도 구로 변신하니까요. 음식 전문가들은 고대 중국에서는 이렇게 젓가락을 처음 사용했을 거라고 믿고 있어요. 젓가락은 나무와 뼈처럼 그 지역에서 구하기 쉬운 재료로 만들어서 경제적이고, 만드는 방법도 아주 쉬워서 하층계급 사람들의 식사도구로 쓰이다가 점차 상층계급 사람들에게로 퍼져나갔다고 해요.

젓가락에 관한 기록 중 가장 오래된 것은 중국 은나라 시대의 갑골문자인데, 은나라에서는 젓가락을 제례의식용으로 사용했어요. 우리나라에서 가장 오래된 젓가락은 백제 무령왕릉에서 출토된 동제수저이고, 고려가요인 <동동>에도 분디나무(산초나무) 젓가락이 등장합니다.

'12월에 분디나무로 깎은 아아, 소반 위의 젓가락 같구나.
임의 앞에 들어 가지런히 놓으니 손님이 가져다가 뭅니다.
아으 동동다리.'

▲ 백제 무령왕릉에서 출토된 동제수저.

금속 젓가락

젓가락 삼국지

세상의 모든 젓가락은 가늘고 길쭉하게 뻗어 비슷하게 생겼지만 자세히 들여다보면 저마다 개성이 있습니다. 젓가락을 가장 즐겨 쓰는 한국, 중국, 일본 세 나라의 젓가락 모양만 살펴봐도 서로 다른 개성을 뽐내고 있어요.

일본의 젓가락은 길이가 짧고 젓가락의 끝이 뾰족해요. 일본 사람들은 밥그릇을 한 손에 들고 젓가락으로 음식을 싹싹 긁어서 먹기 때문에 젓가락의 길이가 짧아도 식사를 할 수 있어요. 생선과 면 요리를 즐겨 먹는 일본에서는 생선의 가시를 발라내거나 껍데기가 있는 해산물, 우동 같은 면 요리를 먹을 때 젓가락의 끝이 뾰족한 것이 유리하다고 해요. 또 일본은 끈기가 많은 차진 쌀을 재배해서 밥을 먹을 때 굳이 숟가락이 필요하지 않아요. 젓가락만으로 식사를 할 수 있기 때문에 젓가락으로 집은 음식을 한입에 다 넣을 수 있도록 음식을 작게 만들어 요리해요.

중국의 젓가락은 길고 끝이 뭉툭해요. 중국 사람들은 둥글고 큰 식탁에 식구들이 모두 둘러앉아 음식을 먹는데, 이때 젓가락이 길어야 멀리 있는 음식을 집기가 편해요. 중국 음식은 튀기거나 볶는 기름진 요리가 많아 집기가 어렵기 때문에 음식을 떨어뜨리지 않으려면 젓가락 끝이 뭉툭한 것이 낫다고 해요. 요리할 때도 기름이 튀어 손을 데지 않으려면 젓가락이 길고 굵어야 안전해요.

고대 중국의 지배층들은 청동기나 금, 은 같은 금속으로 만든 숟가락과 젓가락을 사용했지만, 12세기 송나라 때부터 식탁에서 숟가락이 사라지고 젓가락만으로 식사를 했어요. 송나라 이후부터 차를 마시는 풍습이 늘면서 점차 국물 있는 음식을 먹지 않게 되었고, 요리에 식용유를 사용하면서 기름이 많이 묻는 숟가락보다는 젓가락을 더 사용하게 되었다고 해요. 또 8세기 이후부터 국수와 만두 같은 밀가루 음식이 주식이 되면서 숟가락은 국물을 떠먹는 정도로 쓰임새가 점점 줄어들다가 중국의 식탁에서 사라졌다고 해요.

한국은 지형상 일본과 중국의 중간에 자리 잡고 있듯 젓가락 길이도 중간 정도예요. 한국 젓가락은 밥상 위에 안정감 있게 놓을 수 있게 둥글넓적하고 젓가락의 끝은 뾰족하지도 않고 뭉툭하지도 않은

금속 젓가락

둥글납작한 모양이에요. 만
약 젓가락이 둥글다면 밥상 위를
데굴데굴 굴러다닐 수도 있겠죠. 우리나
라는 밥과 국물은 숟가락으로 떠먹고 반찬은 젓
가락으로 집어 먹으며 숟가락과 젓가락이 서로 다른 일
을 담당해요. 또 서양 사람들은 포크와 나이프를 양손
에 하나씩 잡고 식사를 하지만 우리나라 사람들은 한
손(주로 오른손)으로 숟가락과 젓가락을 번갈아 가면서
사용해요.

한중일 젓가락.
젓가락 모양이
닮은 듯 서로 다
르다.

　무엇보다도 한국 젓가락의 가장 중요한 특징은 금, 은, 놋쇠, 스테
인리스강 등 금속으로 만든 젓가락이 많다는 거예요. 금속 젓가락 중
에서도 스테인리스강으로 만든 젓가락을 가정이나 식당 등에서 널리
쓰고 있어요. 나무는 어느 지역에서나 가장 구하기 쉬운 재료이기 때
문에 우리나라에서도 예전부터 나무를 다듬어 젓가락으로 즐겨 썼어
요. 하지만 나무젓가락은 쉽게 부러지고 음식물이 배어 위생상 오래
사용할 수 없었어요. 그러자 독특하게도 쉽게 변하지 않는 금속 젓가
락을 만들어 사용하기 시작했어요. 금속을 다루는 기술이 점점 발달
하면서 국그릇과 제기, 솥, 화로, 대야, 요강까지 생활 곳곳에 금속을
널리 이용했는데, 자연스레 수저에도 금속을 이용하게 된 거예요.

　젓가락은 아주 특별한 용도로 쓰이기도 했습니다. 조선시대 궁궐

에서는 은수저로 음식에 독이 들어 있는지를 알아냈어요. 수라상을 받은 왕이 식사를 하기 전에 기미상궁이 음식을 먼저 먹어보면서 독이 들어 있는지를 확인했어요. 은식기와 은수저에 독성물질이 닿으면 검은색으로 변하는 특성이 있어서 쉽게 알아챌 수 있다고 해요. 이렇게 젓가락은 생명을 보호하는 중요한 역할을 했기 때문에 민가에서는 생일날 은수저를 선물하여 무병장수를 기원하기도 했어요.

이 밖에도 젓가락의 재질은 매우 다양해요. 중국 수나라 때 유적지에서 나온 젓가락 중에는 은 젓가락이 있고, 송나라와 원나라 때는 상아로 만든 아주 고급스러운 젓가락을 사용했다고 해요. 왕이나 귀족들은 금 젓가락을 쓰기도 했고, 장식용이나 선물용으로 주고받는 보석이나 광석으로 만든 젓가락도 있었어요. 우리나라에서 놋그릇을 많이 쓰던 시절엔 놋쇠 젓가락이 흔했고, 최근 들어서는 플라스틱 젓가락과 실리콘 젓가락이 부쩍 늘었어요.

이 중 예나 지금이나 가장 많이 사용하는 젓가락 재질은 나무입니다. 나무젓가락은 가장 오래되었고 가장 널리 쓰이는 젓가락이라고 할 수 있어요. 아기자기한 장식을 좋아하는 일본에서는 나무젓가락에 알록달록한 장식을 붙여 사용하는데, 금속 젓가락을 많이 사용하는 우리나라에서는 나무젓가락이라고 하면 일회용 나무젓가락을 먼저 떠올려요. 물론 다회용 나무젓가락도 즐겨 쓰고 있지만 지금 우리가 주목해서 봐야 할 것은 나무로 만든 일회용 나무젓가락이에요.

금속 젓가락

▲ 한국의 밥상.　── 일본의 요리.　▼ 중국의 식탁.

20분 사용하고 버려지는
20년생 나무들

일회용 나무젓가락을 만드는 나무는 백양목, 미송, 대나무, 포플러 나무 등이에요. 한 번 쓰고 버리는 나무젓가락은 튼튼하거나 좋은 목재가 아니어도 되기 때문에 대개 생장속도가 빠른 나무로 만들어요. 또는 거목을 잘라서 굵은 부분은 목재로 이용하고 버려지는 부분으로 젓가락을 만들기도 해요. 그런데 일회용 나무젓가락의 사용량이 늘면서 나무젓가락을 만들기 위해 숲이 점점 사라지고 있어요.

우리나라와 일본에서 사용하는 일회용 나무젓가락은 대부분 중국산이에요. 백양목은 생장속도가 다른 나무보다 빠르고 대량생산이 가능해서 가격이 싸요. 건조한 지역에서도 잘 자라서 중국에서 사막화 방지를 위해 많이 심고 있지만, 일회용 젓가락을 만들기 위해서 많이 베고 있기도 해요.

　이처럼 오랜 세월 자란 거목을 잘라서 나무젓가락을 만들지만 일
회용 나무젓가락을 사용하는 시간은 얼마나 될까요? 짜장면이나 김
밥을 먹을 때, 소풍이나 야외 행사, 결혼식장, 장례식장처럼 단체 손
님들이 한꺼번에 식사할 때 나무젓가락을 사용하곤 하는데 식사를
하는 시간은 10~20분가량에 불과해요. 20년생 나무를 잘라 나무젓
가락을 만들지만 젓가락을 사용하는 시간은 겨우 20분가량, 그것도
단 한 번 쓰인 채 무참히 버려지는 거죠. 그런데 버려진 나무젓가락이
분해되어 자연으로 돌아가려면 다시 20년이 걸려요. 우리나라 사람
들이 1년 동안 사용하는 일회용 나무젓가락은 대략 25억 개나 된다고
해요. 우리보다 일회용 젓가락을 더 많이 사용하는 중국과 일본의 사
용량까지 합치면 상상을 초월할 정도로 어마어마한 일회용 나무젓가
락이 버려지고 있어요.

　이렇게 나무젓가락의 인기가 높은 건 값싸고 쉽게 구할 수 있고
위생적으로 보이기 때문이에요. 남이 사용한 젓가락을 씻어서 사용하
는 것이 아니라 포장지를 뜯어서 처음 사용하고 버리기 때문에 병균
이 없고 깨끗하게 느껴진다는 것이죠. 색깔도 뽀얀 흰색이고 나무젓
가락 포장지에 위생 젓가락이라고 적혀 있기도 하니까요. 그러나 나
무젓가락을 만드는 과정을 살펴보면 위생과는 거리가 멀어요.

　나무를 벌목하여 목재를 보관하고 이동할 때 가장 큰 문제는 습기

▲ 일회용 나무젓가락을 만들기 위해 많은 나무를 벌목하고 있다.

금속 젓가락

예요. 습도가 높은 여름철에 오랫동안 습기를 머금은 나무젓가락에는 곰팡이와 유해균이 자랄 수 있어요. 또 표면을 코팅하지 않은 젓가락에 붙어 있는 미세한 음식 찌꺼기들이 변질되면서 대장균이나 포도상구균 등 배탈과 질병을 일으키는 유해 세균이 자랄 수 있어요.

일회용 나무젓가락을 만드는 공장에서는 나무를 잘라 보관하고 운반하는 과정에서 나무가 습기를 머금어 곰팡이가 생기는 것을 막는 게 매우 중요한 일이에요. 이것을 방지하기 위해 화학약품을 사용합니다. 중국의 나무젓가락 공장에서는 표백제와 곰팡이방지제로 공업용 과산화수소수, 아황산수소나트륨, 수산화나트륨(양잿물)을 사용하고, 광택제로 탤크(활석가루)를 사용하기도 해요. 이렇게 만든 나무젓가락을 한두 번 사용한다고 해서 당장 문제가 생기는 것은 아니지만 자주 사용하면 건강에 좋지 않아요. 특히 나무젓가락을 입에 물고 빨거나 뜨거운 국물에 담그고 끓는 물에 넣는 것은 삼가야 해요.

2006년 중국 식품위생관리국은 '식품 포장 재료에 관한 규범'을 발표했는데, 일회용 젓가락의 포장지에 이런 안내문을 넣도록 했어요. "소독 과정을 거치고 최대 4개월 보관할 수 있으며 이 기간을 초과하면 판매나 사용을 금지한다"는 내용이에요. 이것은 일회용 나무젓가락의 유통기한이 최대 4개월이라는 뜻이에요. 가정이나 식당에서도 일회용 젓가락의 유통기한을 잘 살펴야 하지만 길거리 노점상에서 음식을 먹을 때도 주의해야 해요.

젓가락의 진화

일회용품의 대명사가 된 나무젓가락, 이 문제를 해결할 대안은 바로 우리가 즐겨 쓰는 금속 젓가락이에요. 금속 젓가락은 단순하지만 단단하고 오래 사용할 수 있어 아주 쓸모가 있고, 음식물이 묻어도 물로 쉽게 닦을 수 있어서 깨끗해요. 그래도 위생이 걱정이라면 금속 젓가락을 끓는 물에 넣어서 소독할 수도 있어요. 금속 젓가락을 즐겨 쓰면 일회용 나무젓가락을 만들기 위해 무분별하게 이뤄지는 벌목을 막을 수 있어요. 그래서 금속 젓가락은 지구를 살리는 기발한 물건에 당당하게 이름을 올리게 되었어요.

일회용품 사용에 문제의식을 느낀 사람들은 '젓가락 가지고 다니기 운동'을 벌였어요. 환경운동가와 친환경 생활을 하는 사람들은 일회용 나무젓가락을 쓰는 것보다 금속 젓가락을 챙겨서 사용하는 것이 훨씬 깨끗하고 쓰레기를 남기지 않는 친환경 생활이라고 주장해요. 금속 젓가락은 가볍고 단순하고 단단해서 휴대하기에도 별 어려움이 없으니까요. 젓가락을 쉽게 가지고 다닐 수 있도록 천으로 젓가락집을 만들어 젓가락과 함께 판매하는 사람들도 있어요.

외출하거나 여행 다닐 때마다 번번이 젓가락을 챙기는 것은 번거로운 일이에요. 하지만 일회용 젓가락을 쉽게 사용하고 버리는 것보다 건강에도 좋고 쓰레기도 줄이고 나무를 베는 것도 막을 수 있어요. 외출할 때 지갑과 핸드폰, 손수건을 챙기듯 바깥에서 식사할 일이 있는 날이라면 금속 젓가락도 챙기는 것이 좋아요. 지금은 '젓가락 가지고 다니기 운동'을 벌여야 할 만큼 일회용 젓가락을 너무 많이 쓰고 있으니까요.

충북 청주시에서는 11월 11일을 '젓가락의 날'로 정하고 해마다 젓가락 페스티벌을 열고 있어요. 젓가락을 연구하는 젓가락연구소도 있어요. 일본은 7월 4일을 젓가락의 날로 지정했고 젓가락문화협회가 활발히 활동하고 있어요. 중국에는 젓가락 박물관이 3곳이나 있고, 점점 발전하는 IT 기술Information Technology(정보 기술)로 특수 젓가락도 개발했어요.

특수 젓가락은 젓가락 끝부분에 센서가 달려 있는데 이것을 통해서 음식의 온도와 염도, 부패 여부를 구별하여 스마트폰으로 확인할

사진 | 연합뉴스

◀▼ 충북 청주시에서는 해마다 11월 11일에
젓가락 페스티벌을 연다.

사진 | 연합뉴스

금속 젓가락

수 있어요. 음식을 집으면 음식에 사용한 식용유의 품질을 우수, 양호, 불량 3등급으로 알려주고, 요리할 때는 재료의 영양 정보와 PH 농도 등을 분석해준다고 해요. 외식할 때 이 젓가락을 사용하면 음식의 영양 정보와 위생 상태까지 확인할 수 있어 안전한 먹거리인지 알 수 있고, 장을 볼 때는 과일 당도와 재료의 유통기한도 쉽게 확인할 수 있어요.

인도에서는 피사파티라는 인도국제농작물연구소 연구원이 쌀과 밀, 팥, 수수 같은 곡물을 배합하여 먹을 수 있는 식사도구를 만들었어요. 곡물로 만든 젓가락과 숟가락, 포크 등으로 맛있게 식사를 한 뒤 이 식사도구를 과자처럼 후식으로 먹을 수 있어요. 이 식사도구는 일회용이지만 사람이 먹어버리면 쓰레기를 남기지 않아 깔끔하게 처리할 수 있어요. 좋은 후식이라도 늘 같은 것만 먹으면 싫증날 수 있으니 단맛과 매운맛, 담백한 맛 등 여러 가지 맛으로 만들어 골라 먹을 수 있게 했어요. 인도에서는 일회용 플라스틱 수저를 많이 사용하는데 이 문제를 해결하기 위해 먹는 식사도구를 개발했다고 해요. 세상은 넓고 기발한 아이디어를 가진 사람들도 참 많지요?

일회용품을 퇴출시키는
기발한 방법

    일회용 젓가락뿐 아니라 우리 주변에는 한 번 쓰고 버리는 일회용품이 참 많습니다. 종이컵, 비닐봉지, 플라스틱 컵, 플라스틱 빨대, 쇼핑백, 스티로폼 상자, 화장지, 물티슈, 각종 포장지 등 일회용품 사용이 늘어날수록 쓰레기 문제가 심각해요. 대개 사람들은 분리배출만 잘하면 재활용을 할 수 있다고 생각하여 안심하고 버리는 경우가 많아요. 그러나 일회용품의 종류가 너무 다양하고 컬러 인쇄가 되어 있거나 여러 가지 종류의 재질로 만들어진 경우가 많아 재료별로 나누기가 어려워요. 게다가 일회용품이 너무 많이 배출되기 때문에 재활용하는 양은 매우 적어요. 재활용률을 높이는 것보다 더 중요한 것은 일회용품 사용량을 대폭 줄이는 일이에요.

금속 젓가락

일회용 플라스틱 빨대 문제를 해결하기 위해 씻어서 오래 사용할 수 있는 스테인리스 빨대가 등장했어요. 대나무 빨대와 쌀 빨대처럼 일회용이지만 빨리 분해되는 자연 재료로 만든 빨대도 있어요. 일회용 플라스틱 컵과 페트병 문제를 해결하기 위해 보온과 보냉이 가능한 텀블러를 들고 다니는 사람들이 부쩍 늘었어요. 비닐봉지 대신 천 주머니와 장바구니를 챙기고, 화장지나 물티슈보다는 손수건을 즐겨 쓰는 사람들도 있어요. 일회용품을 사용하지 않는 플라스틱 프리 카페도 등장했고, 포장지를 직접 챙겨 가야 장을 볼 수 있는 포장지 없는 가게도 등장했어요. 플라스틱 프리 도시를 선언한 서울시는 플라스틱 생수병 쓰레기를 줄이기 위해 행사 때마다 음수대나 대형 물통을 준비해놓고 시민들이 자신의 컵으로 물을 마실 수 있게 돕고 있어요.

▲ 플라스틱은 재활용할 수 있다고 생각하지만 플라스틱 종류가 너무 많고 음식물 등에 오염되어서 실제 재활용률은 그리 높지 않다.

유기농 농산물을 판매하는 한살림에서는 소비자들이 잼과 젓갈, 양념가루 등을 담았던 유리병을 사용한 후 되돌려주면 세척 작업을 거친 뒤 다시 사용해요. 되돌려줄 때는 유리병에 붙어 있는 라벨을 떼고 뚜껑을 제거한 뒤 깨끗하게 씻어서 물건을 산 매장에 가져가면 되니 간단해요. 덕분에 버리기엔 아까운 유리병이 다시 쓰일 수 있게 되었어요.

일회용품은 사용하고 버린 뒤에도 오랜 시간 동안 생태계에 영향을 미쳐요. 사용 후 배출된 일회용품이 재활용 선별장에 모여서 쓰레기 처리 과정을 거치면 다행이지만 숲이나 유원지, 바닷가 등에서 함부로 버린 쓰레기나 바람에 날아간 쓰레기는 냇물과 강물 그리고 바람을 타고 바다로 흘러갑니다. 이동하는 동안 강한 햇빛을 받고 바람과 파도에 부딪히면서 크기가 점점 작아져요. 이렇게 작아진 플라스틱, 스티로폼, 비닐 조각 들은 새와 물고기가 해파리나 물고기 알 같은 먹이로 착각해서 삼켜버려요. 그러면 새와 물고기는 바다 쓰레기를 소화시키지 못한 채 고통스럽게 죽어가요.

땅에 묻힌 비닐과 플라스틱은 오랫동안 썩지 않아 토양 생태계에 영향을 미치고, 태우면 다이옥신 같은 유독물질을 배출해요. 나뭇가지에 걸린 비닐은 바람에 나부끼면서 흉물스러운 풍경을 만들고, 하수구나 물길을 막아서 장마나 홍수 때 냇물이나 하천을 범람시키는 원인이 되기도 해요.

무엇보다도 우리가 일회용품 사용을 줄여야 하는 가장 중요한 이유는 일회용품 때문에 물건을 너무 짧게 쓰고 버리는 습관이 생겼다는 점이에요. 한 번 쓰고 버리는 일회용품에 익숙해지면 생활에서 사용하는 소중한 물건들까지 헤프게 쓰거나 함부로 쓰는 습관으로 이어져요. 깔끔하게 닦거나 수리하면 쓸 수 있는 멀쩡한 물건이지만 금세 싫증이 나거나 새로운 신형 제품에 혹해서 쉽게 버리곤 해요. 그러나 지구의 자원은 무궁무진하지 않아요. 특히 우리가 즐겨 사용하는 물건들은 석유나 석탄, 철, 구리, 알루미늄 같은 지하자원으로 만들거나 화석연료를 이용하여 작동하는 경우가 많아요. 이것은 지구가 오랜 시간에 걸쳐 공들여 만든 소중한 자원이에요. 우리가 즐겨 사용하는 금속 젓가락처럼 오랫동안 안전하게 사용할 수 있는 물건들이 지구를 살릴 수 있어요.

지구
일보

환경에 관심이 많은 그린 씨는 행사에 참석하기 위해 헐레벌떡 달려갔다. 100명이 넘는 사람들이 모이는 행사장에는 즐거운 음악과 함께 화려한 공연이 열리고 있었다. 그린 씨는 자신의 이름표가 적힌 자리를 찾아서 앉았다. 테이블에는 과일주스와 물뿐 아니라 과일과 과자, 떡이 접시에 가지런히 담겨 있었다.

▶ 지속 가능한 방법은 과연 무엇일까?

행사에 늦지 않으려고 헐레벌떡 뛰었더니 목이 마르고 배도 출출했다. 그런데 이 테이블에 놓여 있는 음식을 먹어야 할지 고민스러웠다. 음식이 모두 일회용기에 담겨 있었기 때문이다. 일회용 컵과 일회용 접시, 페트병에 담긴 생수, 나무젓가락과 이쑤시개, 화장지까지 음료와 음식을 먹고 나면 일회용 쓰레기만 가득 남을 게 뻔했다. 그린 씨가 먹지 않는다고 해도 남은 음식을 처리해야 하는 문제가 있었다.

그린 씨는 행사 주최 측에 왜 일회용품을 사용했느냐고 물었다. 행사 담당자는 자주 열리는 행사가 아니라 한 번 열리는 행사이고, 100명이 넘는 많은 사람들이 한꺼번에 참여하기 때문에 다회용 그릇을 마련하기 어려웠다고 했다. 또 이 일회용기 중 일부는 옥수수와 야자수 잎으로 만든 일회용이라서 그나마 환경에 미치는 영향이 적다고 말했다.

그린 씨는 과연 일회용기 외에는 방법이 없었을까 생각했다. 그릇을 대여해주는 업체를 이용할 수도 있었을 텐데 말이다. 그리고 식물 재료로 만든 일회용기도 결국 한 번 쓰고 버리는 것은 마찬가지인데 과연 대안이라고 할 수 있을까 하는 의문이 생겼다.

한편, 그린 씨는 또 다른 행사에 참여하기 위해 참가 신청을 했다. 곧 이런 안내문이 왔다.

'이번 친환경 행사는 쓰레기를 만들지 않기 위해 일회용품을 사용하지 않습니다. 자신의 컵과 물병, 도시락과 수저, 손수건, 돗자리나 방석 등을 준비해 오십시오.'

행사 취지에 적극 공감한 그린 씨는 안내문에 적힌 준비물을 꼼꼼하게 챙겼다. 도시락에 밥을 담고 물병에 물도 담았다. 후식으로 먹을 과일까지 챙겼더니 짐이 부쩍 늘어났다. 준비물을 배낭에 챙겨서 행사장으로 달려갔다. 그런데 날씨가 더워서 그런지 배낭이 점점 무겁게 느껴지면서 힘이 들었다. 행사에 참여한 사람들 가운데는 일회용 플라스틱 도시락이나 비닐봉지에 먹을거리를 담아 온 사람들도 더러 있었다.

이렇게 준비물을 많이 챙겨야 하는 행사는 한 번은 참여할 수 있어도 계속 참여하기는 어렵겠다는 생각이 슬며시 들었다. 또 행사 참가자들에게 모든 준비물을 스스로 챙기라고 하는 것이 옳은지, 앞으로도 계속 이렇게 요청할 수 있을지도 의문이었다.

토론해보아요

1. 위의 글을 읽고 자신의 생각을 말해보세요. 만약 내가 행사 참가자라면, 또는 행사를 주최하는 담당자라면 어떤 주장을 펴고 싶은지 토론해보세요.

_____

_____

2. 일상생활에서 일회용품 사용을 줄이기 위해 어떤 준비와 노력이 필요한지 자신이 경험한 사례를 중심으로 생각을 말해보세요.

_____

_____

3

가볍고 얇지만 강력한 기록 매체

종이

평화를 가져온
코끼리 똥종이

코끼리 똥종이를 아시나요? 왜 하필 냄새나는 똥으로 종이를 만들었냐고요? 상상만 해도 끔찍하다고요? 그런데 지구촌의 어느 마을은 코끼리 똥종이 덕분에 평화가 찾아왔다고 해요. 종이와 평화의 관계? 이젠 좀 궁금해지지 않나요?

'인도양의 진주'라고 부르는 작은 섬나라 스리랑카의 숲에는 코끼리들이 살고 있습니다. 스리랑카 사람들은 집을 짓고 요리에 필요한 땔감을 구하기 위해 나무를 많이 벴고, 아예 숲에 불을 질러서 화전을 하기도 했어요. 이렇게 숲이 점점 사라지자 먹이를 구하지 못해 굶주린 코끼리들은 마을과 농장까지 내려왔어요. 사람들이 애써 가꾼 농장을 코끼리들이 함부로 짓밟으면서 작물을 다 망치자 사람들은 코끼리를 내쫓기 바빴고 이런 갈등은 오랫동안 계속되었어요. 갈등이 얼마나 격렬했던지 다툼 과정에서 코끼리뿐 아니라 사람들도 많이 죽었다고 해요. 사람이 총을 쏴서 코끼리가 죽자 코끼리떼가 습격하여 한 해에 200명이나 죽는 일이 벌어지기도 했어요. 이 심각한 문제를 해결할 좋은 해법이 없을까요?

그러던 어느 날 사람들은 코끼리가 똥을 아주 많이 싼다는 것을 알게 되었습니다. 이 똥을 그냥 버리지 않고 뭔가를 만들어보면 어떨까요? 코끼리는 날마다 식물을 180킬로그램이나 먹고 16번 정도 똥을 싸는데 무려 50킬로그램이나 싼다고 해요. 코끼리 20마리가 하루에 싼 똥을 모으면 무려 1톤이나 되는 어마어마한 양이에요. 초식동물인 코끼리는 풀과 나뭇잎, 나무껍질, 과일 등을 먹는데 소화 능력이 약해서 식물의 영양분만 흡수한 뒤 배설하기 때문에 똥 속에는 섬유질이 풍부해요. 이 섬유질을 이용할 좋은 방법은 무엇일까요? 그것은 바로 종이였어요.

코끼리 똥을 모아 햇볕에 잘 말린 후 24시간 동안 끓이면 세균이 모두 죽어요. 이 똥을 다시 분쇄기에 넣어 잘게 부수고, 걸쭉해진 똥을 물통에 넣었다가 체로 거르면 종이 모양의 섬유질이 떠올라요. 이 섬유질을 압축기로 눌러서 물을 빼고 그늘에서 말려요. 그다음에 섬유질을 원통 사이로 통과시키면 쫙 펴지면서 비로소 얇은 종이가 만들어져요.

이런 과정을 거쳐 화학약품을 전혀 쓰지 않고 오로지 코끼리 똥으로만 만든 종이가 탄생했어요. 코끼리가 하루에 싸는 똥 50킬로그램 가운데 섬유질은 최대 10킬로그램을 얻을 수 있다고 해요. 코끼리 똥에 있는 섬유질 10킬로그램으로 A4 용지 크기의 종이를 660장이나 만들 수 있대요. 그럼 코끼리 한 마리가 싼 1년 치 똥을 모으면 종이를 24만 장 만들 수 있고, 이것은 대략 30년생 나무 24그루를 살리는 것과 같다고 해요. 30년생 원목 한 그루에서 A4 용지 1만 장가량을 얻을 수 있으니까요. 코끼리 똥종이를 사용하면 그만큼 나무와 숲을 살릴 수 있어요.

▲ ▶ 코끼리 똥종이로 수첩과 공책, 스케치북 등 다양한 제품을 만들 수 있다.

이렇게 1997년 코끼리 똥종이를 만드는 스리랑카의 사회적 기업인 막시무스가 탄생했습니다. 마을 사람들은 이 회사 덕분에 코끼리 똥을 열심히 줍고 똥종이를 만들면서 새로운 일자리를 얻게 되었어요. 똥을 많이 주워야 하니 이젠 코끼리가 쫓아내야 할 미운 동물이 아니라 도리어 찾아다녀야 할 귀한 존재가 되었어요.

어느덧 마을엔 평화가 찾아왔습니다. 스리랑카에는 코끼리 고아원이 있는데 이곳에서 나온 코끼리 똥으로 종이를 만들고 종이를 판매한 수익금 중 일부를 고아원을 돕는 후원금으로 쓴대요. 코끼리 똥종이는 전 세계 20여 개국에 수출도 하고 있어요.

종이를 만들기 위해 숲을 훼손하지 않아도 되고, 코끼리와 사람들의 갈등도 해결하고, 일자리도 생겼으니 코끼리 똥종이는 참 기발한 물건이죠? 그나저나 똥으로 만든 종이에서 똥냄새가 날까 걱정이라고요? 코끼리 똥종이를 직접 만져보면 알 수 있겠지요? 호주 태즈메이니아 섬에는 캥거루 똥으로 만든 루푸Roo Poo 종이가 있고, 스칸디나비아 반도에는 엘크 똥으로 만든 종이, 아프리카에는 물소 똥으로 만든 종이도 있어요. 말과 소, 양, 판다 같은 초식동물의 똥으로도 종이를 만들 수 있대요.

우리나라에도 동물의 똥으로 만든 종이가 있어요. 바로 말똥으로 만든 마분지(馬糞紙)예요. 예전에는 말똥을 말려서 마분지를 만들었는데, 요즘에는 표백하지 않은 펄프나 폐지에 볏짚과 보릿짚을 섞어서 황갈색의 두껍고 거친 마분지를 만들어요. 코끼리 똥으로 만든 상분지(象糞紙)라는 종이도 있었는데 왕실에서 귀하게 썼다고 해요. 또 코끼리 똥종이는 복을 불러온다고 해서 부적을 쓸 때 이용했다고 해요.

그렇다면 채식을 하는 사람의 똥으로도 종이를 만들 수 있을까요? 사람 똥으로 종이를 만들 수 있다면 종이를 만들기 위해 숲이 사라지는 것을 더 많이 줄일 수 있지 않을까요? 지구촌에는 76억 명이나 살고 있으니까요. 과연 사람의 똥종이도 가능할까요?

종이의 발명

종이 없는 하루를 상상해본 적 있나요? 교과서와 참고서, 공책, 수첩 등 공부에 필요한 물건 중에는 종이로 만든 물건이 참 많아요. 재밌는 이야기책과 만화책, 스케치북도 종이로 만들었고요, 방 안을 둘러보니 벽에 걸린 달력, 벽지, 세계지도도 종이로 만들어졌네요. 신문과 전단지, 지폐, 통장, 영수증도 종이로 만들었어요. 만약 하루 동안 모든 종이가 사라진다면 어떤 일이 벌어질까요? 평소엔 잘 느끼지 못했지만 정말 불편할 것 같지 않나요? 정전이 되거나 컴퓨터가 고장나면 아무 일도 할 수 없어서 답답하고 불안한 것처럼 말이에요.

종이는 인류의 역사를 바꾼 위대한 발명품 중 하나예요. 인류 역사를 크게 둘로 나누면 문자 발생 이전을 선사시대라고 하고, 문자로 기록되어 문헌 등으로 그 내용을 알 수 있는 시대를 역사시대라고 합니다. 역사시대에는 문자의 기록이 매우 중요했고 종이는 문자의 기록에 큰 역할을 했어요. 이런 중요한 종이를 처음 발명한 사람은 중국 후한 시대의 채륜(蔡倫)이에요. 당시 궁중의 집기 등을 제조하고 관리하는 직책인 상방령(尚方令)을 맡았던 채륜은 종이를 값싸게 만드는 방법을 연구하다가 나무껍질과 삼베, 헝겊, 어망 등을 합치고 갈아서 종이를 만들었어요. 당시의 종이 제작법을 정확하게 알 수는 없지만 구하기 쉬운 재료와 값싼 식물섬유를 모아 돌절구에 찧어서 만들었을 거라고 해요.

《후한서(後漢書)》<채륜전>에는 "채륜이 수부(樹膚, 나무껍질), 마두(麻頭, 삼베 뭉치), 폐포(蔽布, 헝겊 조각), 어망(魚網, 고기잡이 그물) 등을 사용하여 종이를 만들어 원흥(元興) 원년(105년)에 황제에게 바쳤다"고 기록되어 있어요. 황제는 채륜의 재능을 칭찬하였고 이때부터 모두 종이를 사용했는데 이 종이를 채후지(蔡侯紙)라고 불렀다고 해요. 채륜 이전에 종이가 있었다는 주장도 있는데, 채륜은 중국에 흩어져 있던 종이 제작법에 관한 정보를 체계화하고 확산시키는 데 기여한 인물이라고도 해요.

채륜의 종이 발명 이후 중국의 제지술이 발전했고, 마뿐 아니라 닥나무와 뽕나무도 종이 재료로 썼고, 수액을 넣으면 벌레가 종이를 해치지 않는다는 것도 발견했어요. 7세기에는 나무판에 글자와 그림을 새겨 먹을 칠한 뒤 종이에 찍는 목판인쇄술도 등장했어요.

종이 발명 이전에는 나무와 암석, 토기, 비단, 도자기 파편, 나무로 만든 목책, 대나무를 엮은 죽편, 청동기나 철로 된 그릇, 나무껍질로 만든 피지, 양의 껍질로 만든 양피지 등에 문자를 기록했어요. 이런 재료는 부피가 크거나 무겁고 값이 비싸고 처리 과정도 복잡해서 누구나 쉽게 이용하긴 어려웠어요. 가볍고 보관하기 쉽고 많은 글자를 기록할 수 있는 하늘하늘한 종이가 발명되자 이런 고민이 말끔하게 사라졌어요.

종이paper의 영어 어원은 파피루스papyrus라고 해요. 고대 이집트에서는 약 5000년 전부터 나일강 유역에서 자라던 파피루스(수초 이름)에 글자나 그림을 남겼어요. 파피루스의 껍질을 벗겨내고 속을 가늘게 찢은 다음 엮어서 말리고 다시 매끄럽게 하는 과정을 거친 뒤 그 위에 그림이나 글자를 새겼어요. 현존하는 파피루스 문서는 대개 종교 문서라고 해요. 이 파피루스에서 '페이퍼'라는 말이 나왔지만 중국에서 발명한 종이와는 달랐어요. 파피루스는 식물의 껍질을 말린 것이고, 중국의 종이는 식물섬유를 물에 풀어서 체로 걸러내는 방식이니까요.

한편, 우리말인 종이는 '저피(楮皮)'에서 시작되었어요. 닥나무를 한자로 저(楮)라고 하는데 저피는 바로 닥나무 껍질이에요. 지금도 한지를 닥나무 껍질로 만들고 있지요. 저피가 조비→조해→종이로 변했다고 해요. 우리나라에 중국 제지술이 도입된 것은 3세기, 4세기, 6세기 등 다양한 주장이 있는데, 610년 《일본서기(日本書紀)》에 고구려 승려인 담징(曇徵)이 일본에 종이를 전해주었다는 기록이 있어요. 그 전에 우리나라에 종이가 있었던 건 분명한 셈이지요. 우리나라에서 현존하는 가장 오래된 종이는 국립경주박물관에서 보관하고 있는 범한다라니(梵漢陀羅尼)라고 해요.

신라시대에는 닥나무로 만든 저지(楮紙)가 발달했는데, 희고 질긴 종이라는 뜻으로 백추지(白硾紙)라고 불렀어요. 이 종이는 중국과 일본에서도 소중히 여겼다고 해요. 그 후에 고려의 만지(蠻紙), 조선의 견지(繭紙)와 경면지(鏡面紙) 등으로 우리 전통 한지가 이어졌어요. 고려시대에는 종이를 만들어 국가에 바치는 특수 행정단위인 지소(紙所)가 있었고, 조선시대에는 1415년부터 관영 제지공장인 조지소(造紙所)를 운영했어요.

종이 생산량이 부쩍 늘어나자 아시아와 유럽 모두 종이 원료를 공급하는 게 중요한 문제로 떠올랐어요. 그런데 이 문제를 해결한 것은 전혀 엉뚱한 곳에서 발명되었어요. 1719년 프랑스의 과학자 르네 레오뮈르René-Antoine Réaumur는 우연히 말벌들이 나무껍질을 갉아서 침과 버무려 종이 재질과 비슷한 집을 만드는 것을 관찰했어요. 레오뮈르는 나무의 섬유질에 해당하는 펄프로 종이를 만들 수 있겠다고 생각했고, 넝마를 이용하거나 특정한 수확 시기에만 구할 수 있는 원료가 아니라 언제나 구할 수 있는 나무에서 곧바로 종이를 만들 수 있다는 사실을 발견했어요.

이 아이디어를 살린 건 1844년 독일의 기계공인 프리드리히 켈러 Friedrich Keller였어요. 그가 증기기관을 이용하여 나무를 부수고 펄프를 대량으로 생산하는 쇄목기를 발명하면서 제지 산업은 크게 성장했어요. 지금 우리가 사용하는 종이도 바로 이 방법을 이용하고 있어요.

▼ 닥나무로 만든 한지는 책을 만들 뿐 아니라 문살과 공예품 등 생활에 다양하게 이용하고 있다.

《침묵의 봄》과 지구의 날

　하늘하늘한 종이 한 장은 매우 얇고 가벼워서 조금만 힘을 주어도 쉽게 찢어버릴 수 있지만 그 안에 적힌 내용은 매우 큰 영향을 미치곤 합니다. 한 사람의 길고 긴 인생을 책 한 권으로 정리하여 기록할 수 있고, 인류의 역사를 종이에 기록해두면 그 시대를 경험하지 않은 다음 세대들도 당시 벌어진 일과 시대 상황을 생생하고 정확하게 이해할 수 있어요. 헌법재판소의 판결문은 국가 최고 권력인 대통령을 탄핵시켰고, 법원의 판결문은 사람의 목숨을 좌우하기도 해요. 유명한 텔레비전 드라마인 <대장금>은 《조선왕조실록》에 있는 기록 한 줄을 보고 풍성한 이야기로 풀어냈다고 해요. "중종의 총애를 받은 천민 출신의 의녀이며, 의술과 요리에 뛰어나 '대(大)' 자를 써서 대장금으로 불렀다"라고 딱 한 줄이 기록되어 있는데, 당시 궁궐 상황에 상상력을 더해 드라마를 만들자 세계 사람들이 열광한 한류 콘텐츠가 탄생했어요.

종이의 활약은 환경문제를 알리고 해결하는 데도 큰 영향을 미쳤어요. 미국의 생물학자이자 저술가인 레이첼 카슨Rachel Carson이 쓴 책 《침묵의 봄》은 20세기에 가장 큰 영향력을 미친 책으로 알려져 있어요. 이 책은 당시 미국에서 무분별하게 사용하는 살충제 때문에 봄이 와도 새가 울지 않아 낯선 정적이 감도는 등 과학문명이 도리어 환경오염의 주범이 될 수 있다고 경고했어요.

레이첼 카슨이 이 책을 쓰게 된 것은 친구가 보낸 편지 한 통 때문이었어요. 1958년 1월, 레이첼 카슨은 매사추세츠주에 사는 친구인 허킨스에게 편지를 받았습니다. 편지에는 모기를 방제하기 위해 정부 소속 비행기가 살충제인 DDT(디클로로 디페닐 트리클로로에탄, 유기 염소 계열의 살충제)를 숲에 살포했는데, 이것 때문에 허킨스가 기르던 많은 새들이 죽어버렸다는 내용이 담겨 있었어요. 허킨스는 살충제를 뿌린 정부 당국에 항의했지만 DDT는 무해하다며 무시해버렸다고 해요. 편지를 읽은 레이첼 카슨은 그동안 많은 조사와 연구를 진행했지만 한동안 중단하고 있었던 살충제의 위험성을 알리는 책을 쓰기로 결심했어요.

1962년 그녀는 〈뉴요커〉에 연재했던 글을 모아 9월에 《침묵의 봄》을 출간했어요. 그러자 농약 제조업체들은 살충제가 인간 생활에 큰 도움이 되고 농업에 피해를 주지 않는다며 레이첼 카슨의 주장이 잘못되었다고 공격했어요. 저널리스트와 평론가들은 언론에 레이첼 카슨에 대한 비난 기사를 써서 집요한 방해 공작을 펼쳤어요. 하지만 《침묵의 봄》은 독자들에게 환경문제에 대한 관심을 불러일으키며 큰 지지를 받았고, 정부의 정책 변화를 이끌어내고 환경운동을 일으키는 계기가 되었어요. 1963년 존 F. 케네디John F. Kennedy 대통령은 환경문제를 다루는 자문위원회를 구성했고, 1969년 미국 의회는 국가 환경 정책 법안을 통과시켰어요. 암연구소는 DDT의 암 유발 증거를 제시하여 미국의 각 주들이 살충제 사용을 금지하도록 만들었어요.

이 책을 읽은 게일로드 넬슨Gaylord Nelson 미국 상원의원은 자연 파괴가 군사적 위협보다 인류에 훨씬 해롭다며 자연보호를 국가 과제로 삼아야 한다고 주장했고, 케네디 대통령에게 자연보호 전국 순례를 건의했어요. 이후 넬슨 의원이 환경보호 캠페인을 겸한 전국 시위를 구상하고 있을 무렵인 1969년 캘리포니아에서 해상 기름유출 사고가 일어났어요. 그러자 하버드대 학생이었던 데니스 헤이스Denis Hayes가 대학생들의 참여를 이끌어냈고, 이들이 함께 뜻을 모아 1970년 4월 22일 환경보호 촉구 워싱턴 집회를 열게 되었어요. 집회에는 많은 사람들이 참여했는데 뉴욕 센트럴 파크에만 60만여 명이 모였고 미국 전역에서는 2,000만여 명이나 참가했어요. 이 날을 기념하여

4월 22일이 '지구의 날'로 제정되었고, 해마다 지구의 날이 되면 세계 많은 나라에서 환경 행사를 열고 있어요.

　이렇게 지구의 날을 계기로 1970년대부터 환경문제에 대한 인식이 높아지고 환경운동이 활발해지면서 세계자연보호기금WWF, 그린피스Greenpeace, 지구의 벗Friends of the Earth 같은 국제 환경단체가 활동하게 되었어요. 지구의 날 20주년이 되던 1990년부터는 전 세계 기념일이 되었고, 우리나라에서도 1990년 4월 22일 공해추방운동연합(현재 환경운동연합)이 남산공원 광장에서 처음으로 지구의 날 행사를 열었어요. 다음 해인 1991년 우리나라에서는 두산전자 구미공장에서 페놀 원액 30톤이 낙동강으로 흘러가 대구시의 수돗물에서 악취가 발생하는 낙동강 페놀 오염 사고가 생겼어요. 이 사건을 계기로 환경문제에 대한 인식이 부쩍 높아지면서 환경운동연합과 녹색연합 같은 우리나라를 대표하는 환경단체들이 활발하게 활동하기 시작했어요.

　한편, 6월 5일은 환경의 날이에요. 1972년 6월 5일 스웨덴의 스톡홀름에서 열린 유엔 총회에서 유엔인간환경선언을 채택한 것을 기념하여 지정한 날이에요. 이 선언은 국제사회가 환경문제 해결을 위해 최초로 채택했어요.

▲ 해마다 4월 22일 지구의 날이 오면 시민들과 환경단체, 교육기관 등이 한자리에 모여 환경 행사를 연다.

종이

종이로 만든 것

환경책의 고전이라 할 수 있는 《침묵의 봄》 외에도 국내외 다양한 환경책이 있어요. 환경책은 우리가 무심코 했던 행동이 환경에 어떤 영향을 미치는지 알려주고 그동안 인식하지 못했던 환경문제의 위험성을 깨닫게 해줘요. 또 대안과 실천방법을 제시해주고 있어요. 대개 세계사는 인류의 역사를 힘과 권력을 가진 왕이나 귀족 같은 지배자들을 중심으로 기록하고 있어요. 하지만 환경문제를 중심으로 역사를 기록한 책에서는 물 부족, 질병, 숲 벌목, 식량 부족 같은 환경요인도 한때 강성하고 번창했던 국가와 부족을 멸망시켜 역사의 뒤안길로 사라지게 했다는 사실을 알려주고 있어요. 환경문제는 나라와 민족을 가리지 않고 모두에게 매우 중요했으니까요. 환경책은 이렇게 현재 우리의 인식뿐 아니라 과거와 미래까지도 폭넓게 바라볼 수 있도록 도와주고 있어요. 그래서 다양한 종류의 환경책을 읽으면 지식과 정보가 쌓일 뿐 아니라 세상을 넓고 깊게 바라보는 관점을 가질 수 있어요.

종이로 만든 물건 중 책만큼 중요한 것이 또 있어요. 한 해가 가고 새해가 오면 가장 먼저 무엇을 챙기나요? 바로 달력이에요. 종이에 인쇄된 달력은 가정집이나 가게, 회사에서 가장 잘 보이는 벽면이나 책상 위를 차지하고 있어요. 수시로 달력을 보면서 일정을 확인하고 새로운 약속과 행사, 모임을 결정해야 하니까요. 또 달력을 보면 가족이나 친구의 생일이나 소중한 기념일, 휴일을 알 수 있고, 누구나 기다리는 여름휴가와 방학 계획도 세울 수 있어요.

달력에 담긴 여러 정보 가운데 매우 소중하지만 대부분의 사람들이 무심코 흘려버리거나 잊고 사는 것이 있어요. 바로 절기(節氣)예요. '시절의 기운'이란 뜻을 가진 절기는 해가 한 해에 걸쳐 가는 길, 즉 황도(黃道, 1년 동안 별자리 사이를 움직이는 태양의 경로)를 24등분하여 그때마다 이름을 지어 부른 것이에요. 겨울 추위가 아직 매서운 2월 4일 입춘이 오면 날이 풀리면서 봄이 조금씩 움터요. 3월 5일 경칩이 되면 개구리가 나오고 겨울잠을 자던 벌레들이 깨어나요. 5월 6일 여름이 오는 입하가 되면 더운 기운이 왕성해지고, 여름 불볕더위가 한창인 8월 8일 입추가 되면 아침저녁으로 선선한 기운이 시작되면

▲ 책을 읽으면 세계 곳곳의 환경 상황을 생생하게 알 수 있다.

▼ 달력에는 계절의 흐름을 알 수 있는 절기 정보가 담겨 있다.

서 더위가 약간 수그러들어요. 이 절기에 따라 농부들은 농사를 준비하고 곡식을 거두고, 도시에서도 김장을 담그고 옷과 이불 등을 바꾸면서 겨울 준비를 해요.

그런데 기후변화가 심각해지면서 이 절기가 흔들리고 있어요. 1년 중 날이 가장 맑다는 4월 청명에는 미세먼지와 황사 때문에 하늘이 뿌옇게 흐려지고, 늦여름 더위가 물러가는 처서에도 열대야 때문에 잠 못 이뤄요. 서리가 내리면서 가을이 깊어가는 상강에는 엉뚱하게도 개나리와 진달래 같은 봄꽃이 피고, 서리가 내리기 전에 사라졌어야 할 모기가 날아다녀요. 가장 추운 1월 소한과 대한 사이에는 사흘은 춥고 나흘은 따뜻하다는 삼한사온 현상이 있었지만 최근에는 사흘은 추위가, 나흘은 미세먼지가 기승을 부리는 삼한사미(三寒四微) 현상이 나타나고 있어요.

옛사람들은 절기와 계절의 흐름을 매우 중요하게 생각했지만 요즘에는 일기예보를 하는 기상 캐스터가 한 번 언급해주는 정도로 가볍게 생각해요. 그러나 절기를 살펴보면 기후변화 문제를 더욱 실감할 수 있고, 이 문제를 극복하기 위해서 우리가 어떻게 노력해야 하는지를 되돌아볼 수 있어요. 기후가 변하는 건 지구에 사는 모든 생명체에게 매우 큰 위기니까요.

종이의 두 얼굴

　종이는 인류 문명에 큰 기여를 한 위대한 발명품이자 환경문제를 기록하고 널리 알리는 중요한 역할을 하고 있어요. 하지만 종이는 두 얼굴을 가지고 있어요. 종이를 만들기 위해 많은 숲이 사라지고 있으니까요. 예전에 미래 전문가들은 '컴퓨터 사용이 일상화되면 종이 없는 사무실이 될 것'이라고 예상했지만 프린터와 복사기가 널리 보급되자 종이 사용량은 부쩍 늘었어요. 컴퓨터뿐 아니라 빔 프로젝터, 스마트폰 같은 전자기기가 다양해지면서 문서를 출력할 필요가 없어지고 종이 소비도 줄 것이라고 전망했지만 간단하게 버튼만 클릭하면 프린터기와 복사기에서 인쇄되기 때문에 종이 소비는 더 늘었다고 해요. 일반 사무실에서 사용하는 인쇄물의 40퍼센트가 한 번 보고 버려지는 일회용으로 추정된다고 해요. 종이 소비가 늘어난 만큼 종이의 원료인 나무를 얻기 위해 더 많은 벌목이 이루어지고 있어요.

종이의 재료가 되는 나무는 유칼립투스나무, 포플러나무, 너도밤나무, 자작나무, 미루나무, 소나무, 전나무, 참나무, 낙엽송 등 다양해요. 종이 사용이 비교적 적었던 예전에는 도시에서 가까운 숲의 나무를 베었지만 대량으로 종이를 생산하는 다국적 기업들은 원시림 한가운데에 목재공장을 세웠어요. 크고 우람한 원시림의 나무를 베어 목재로 판매하고 그 자리에 불을 질러 너른 공터를 만들어요. 그리고 짧은 시간에 쑥쑥 자라는 나무를 심는 나무농장을 만들어요. 인도네시아 열대우림과 브라질, 칠레 등 남미의 열대우림에 나무농장이 들어섰고, 캐나다와 미국의 침엽수림, 러시아와 스칸디나비아 반도 등에서도 다국적 제지공장이 숲을 무참히 베고 있어요.

2002년부터 녹색연합은 4월 4일에 '종이 안 쓰는 날' 캠페인을 벌였어요. 식목일 전날인 4월 4일 하루만이라도 종이를 아껴 쓰자는 취지예요. 하루 동안 우리나라 사람들이 종이 한 장을 아끼면 나무 5,000그루를 살릴 수 있다고 해요. 평소에도 종이를 아껴 쓰면 더 많은 나무를 살릴 수 있는 셈이에요. 우리나라 사람 한 명이 1년 동안 사용하는 종이는 153킬로그램인데, 이것은 30년생 원목 2.6그루에 해당해요. 이것을 한 사람의 일생(약 90세)으로 계산해보면 종이 사용을 위해 높이 18미터 나무 237그루를 베고 있다고 해요. 이는 해마다 나무 3그루를 심고 가뭄과 산불 같은 자연재해에 상하지 않도록 30년 동안 정성껏 가꿔야 만들 수 있는 숲을 없애는 것과도 같다고 해요.

종이를 다시 사용한 재생종이를 즐겨 쓰는 것도 좋은 방법이에요. 재생종이 공책과 재생종이 수첩 등 다양한 재생종이 상품이 있어요. 1400년 무렵 중국 제지업자들은 종이를 만들 때 오래된 헌책을 이용했다고 해요. 중국인들은 종이뿐 아니라 종이 재활용 방법도 개발했어요. 조선시대 영조와 정조 임금 시절에는 글씨를 쓴 종이를 물로 씻어 글자를 지우고 재활용하는 세초(洗草)를 했다고 해요.

나무는 해마다 쑥쑥 자라기 때문에 석유나 석탄, 천연가스 같은 화석연료보다는 고갈 걱정이 없는 자원이에요. 그러나 종이 사용과 나무를 활용한 일회용품이 부쩍 늘어나고 기후변화와 사막화, 각종 대규모 개발사업 등으로 숲이 점점 사라지고 있어요. 지금 우리에게 닥친 환경문제의 해법은 대부분 나무와 숲에 있어요. 숲은 미세먼지와 황사를 해결하는 대안이고, 푹푹 찌는 열대야와 도시 열섬현상을 해결해줄 구세주예요. 기후변화와 사막화 문제를 극복하는 가장 좋은 방법도 나무를 심고 숲을 가꾸는 일이에요. 맑은 공기와 맑은 물을 원한다면 숲을 더욱 많이 가꿔야 해요. 도시에 살면서 나무 한 그루 심을 수 없다면 지금보다 종이를 더 아껴 써야 해요. 이 얇은 종이 한 장이 환경문제를 해결할 놀라운 기적을 만들 수 있으니까요.

**지구
일보**

2017년 11월 문화체육관광부가 발표한 '국민 독서 실태 조사'에서 1년 동안 일반 도서를 1권 이상 읽은 사람은 성인 59.9퍼센트, 학생 91.7퍼센트로 집계되었다. 여기서 일반 도서란 교과서와 학습참고서, 수험서, 잡지, 만화를 제외한 종이책을 말한다. 이 수치는 2015년보다 성인과 학생 모두 줄어든 것으로 나타났다.

▶ 종이를 아낄까, 책을 많이 읽을까?

독서 방해 요인은 성인과 학생 모두 '일(학교, 학원) 때문에 시간이 없어서'라는 대답이 가장 많았다. 성인은 핸드폰 이용, 인터넷 게임을 하느라(19.6퍼센트), 다른 여가 활동으로 시간이 없어서(15.7퍼센트)라고 답했고, 학생은 책 읽기가 싫고 습관이 들지 않아서(21.1퍼센트), 핸드폰과 게임을 하느라 시간이 없어서(18.5퍼센트)라고 했다.

특히 학생들의 경우 초등학교 고학년이 되면 입시 경쟁이 시작되어 시험과 관련된 내용이 아닌 책은 잘 읽지 않는 현상이 나타나고 있다. 이런 상황에서 교사는 독서교육을 지도하면서 독후감을 쓰라고 과제를 내주니 학생들은 독서를 의무적으로 해야 하는 과제라고 인식해 책을 멀리하는 악순환이 반복되고 있다. 책은 공부를 위해서만이 아니라 삶의 지혜와 생활정보, 오락, 위로, 공감 등 다양한 목적으로도 즐겨 읽는다. 출판전문가들은 책읽기가 일상화되도록 정부와 출판계에서 다양한 노력을 해야 하고, 무엇보다 어릴 때부터 책은 즐겁고 재미있다는 인식을 갖게 하는 것이 중요하다고 강조한다.

한편, '페이퍼리스Paperless' 사무실이 등장하고 있다. 페이퍼리스는 종이 문서에서 디지털 전자 문서로 사무자동화가 되면서 종이가 필요 없는 현상을 말한다. 전자 문서로 대체하면 엄청난 양의 종이 문서를 보관할 필요가 없고, 종이 사용량이 줄어드니 그만큼 숲도 살릴 수 있다. 또 전자 문서는 문서 검색이 쉽고 간편해서 다양하게 활용할 수 있다.

최근 은행에서는 종이 신청서를 없애고 태블릿 PC를 이용하여 통장과 카드 개설, 외환 거래 등 다양한 업무를 처리하면서 은행은 비용을 줄이고 고객은 시간을 절약할 수 있게 되었다. 또 대형마트에서는 애플리케이션을 이용한 모바일 영수증 서비스를 하고 있는데, 이 영수증은 앱에 보관하여 상품을 교환하거나 환불할 때도 쉽게 찾을 수 있다.

이처럼 종이책 소비가 줄고 종이 문서 사용도 꾸준히 줄고 있지만 종이의 생산과 소비는 해마다 증가하고 있다. 한 번 읽고 버려지는 서류는 여전히 많고, 인터넷에서 찾은 정보를 종이로 인쇄하는 양도 만만찮고, 전자책이 유행하면서 종이책이 점점 사라질 것이라고 예상했지만 책을 즐겨 읽는 사람들은 여전히 종이책을 선호한다. 최근에 홈쇼핑과 인터넷쇼핑 등이 늘면서 포장지와 포장상자 같은 일회용 종이 소비량도 대폭 늘었다고 한다. 좋은 책을 다양하게 읽어야 하는 문제와 종이 소비량을 줄여야 하는 두 가지 문제는 지금 딜레마에 빠져 있다.

토론해보아요

1. 위의 글을 읽고 자신의 의견을 말해보세요. 만약 내가 책을 만드는 출판사 사장이라면, 종이 소비량을 대폭 줄이는 정책을 맡은 정부(환경부) 담당자라면 어떤 주장을 펴고 싶은지 토론해보세요.

_____

_____

2. 종이 소비량을 줄이는 정책이 더 절실한지, 청소년의 독서량을 늘리는 것이 더 중요한 정책인지 자신의 생각을 말해보세요. 두 가지를 함께 해결할 방법이 있다면 말해보세요.

_____

_____

4

버려진 물건들의 생명 연장

재사용 가게

여행하는 쓰레기

태초에 쓰레기는 없었어요. 수렵과 채집을 하면서 살았던 선사시대 사람들은 조개무지와 동물 뼈를 찌꺼기로 남겼어요. 조개껍질과 동물 뼈는 그대로 두면 자연히 분해되었지요. 선사시대 사람들은 나무와 돌, 흙 등으로 집을 지었는데, 이 집은 수명이 다해 쓰러지면 다시 흙으로 돌아갔어요. 농사도구와 무기도 세월이 흐르면 작게 부서져 자연으로 돌아갔어요. 모두가 자연의 재료로 만들었으니까요. 비록 쉽게 분해되지 않더라도 자연에 피해를 주진 않았어요.

고려시대와 조선시대 사람들이 살다 떠난 자리에도 깨진 사기나 옹기 조각, 기와 정도만 남았습니다. 우리는 이것을 유물, 문화재, 그리고 유적이라고 하지요. 오랜 세월이 흐르면서 이것은 가치 있는 문화재가 되기도 했어요. 삼베나 목화, 비단처럼 자연의 재료로 만든 옷과 이불도 낡으면 땔감으로 사용했고, 타고 남은 재는 밭에 거름으로 뿌렸어요. 음식 찌꺼기는 소나 돼지, 개의 먹이가 되었어요. 옛사람들이 남긴 대부분의 살림살이는 시간이 지나면서 자연스럽게 분해되어 흙으로 돌아갔어요. 이들의 살림살이는 늘 간소했고, 물건을 사용할 수 있을 때까지 알뜰하게 썼어요.

쓰레기는 '쓸어기'라는 옛말에서 나왔어요. 쓸어기는 '문질러서 부스러져 못 쓰게 된 조각'이라는 뜻인데, '쓸다'라는 말에 '어기'라는 접미사가 붙어서 만들어진 말이에요. 조선 후기인 1796년에 발간한 책 《경신록언석(敬信錄諺釋)》에 쓸어기라는 말이 처음 등장해요. 조선 후기 서양 문물이 들어오고 화학제품으로 만든 생활용품이 하나둘 들어오면서 쓰레기도 생겨나기 시작했어요. 쓰레기는 '빗자루로 쓸어 담은 더러운 것, 또는 못 쓰는 것'이라는 뜻인데, 사람에게 불필요한 물질을 말해요.

그 후 세월이 한참 흘러 1980년대까지만 해도 사람들은 물건을 아끼고 소중하게 쓰는 생활습관을 가지고 있었어요. 동네 골목마다 수리점이 있어서 고장 난 가전제품을 수리하고, 수선집에서 옷을 고쳐서 입고, 집집마다 재봉틀을 돌려서 옷을 만들거나 줄여 입기도 했어요. 그래서 버려지는 물건도 적었어요. 재봉틀은 한때 잘사는 집에서만 들여놓을 수 있는 귀중품 대접을 받았고, 재봉틀 작동법을 아는 여성은 앞선 여성이라는 인식이 있었어요. 재봉틀이 있으면 필요한 생활소품을 쉽게 만들 수 있으니까요. 또 한국전쟁 때는 재봉틀을 가장 먼저 챙겨서 피란지나 새로 정착한 곳에서 삯바느질을 하여 생활비를 벌었다고 해요.

2000년대를 살고 있는 지금, 우리는 많은 쓰레기를 만들고 있어요. 우리 집에서는 일주일에 얼마만큼의 쓰레기를 배출하고 있을까요? 놀랍게도 지구상에서 쓰레기를 만드는 생명체는 인간뿐이에요. 쓰레기는 버리는 것, 쓸모없는 것이라고 생각하지만 자세히 들여다보면 그 안에는 여러 가지 눈여겨봐야 할 것들이 있습니다.

우선 쓰레기에는 다시 활용할 수 있는 자원이 많아요. 종이, 헌 옷, 전자제품, 유리병, 알루미늄 캔, 철이 들어 있는 제품 등은 인기 높은 자원이에요. 이것을 모으면 새로운 제품을 만들 때 소중한 원료로 쓸 수 있어요. 또 쓰레기에는 정보가 들어 있어요. 이 물건을 사용했던 사람의 이야기와 물건의 역사가 담겨 있고, 때론 정보와 흔적이 남아 있어서 누가 주인이었는지 가늠할 수도 있어요. 그래서 쓰레기를 잘못 버리면 정보가 노출되어 예기치 못한 일이 벌어질 수도 있어요.

쓰레기는 사람을 죽이기도 합니다. 2000년 필리핀 케손시티에는 많은 비가 내렸고 쓰레기 산이 붕괴되고 말았어요. 이곳에서 쓰레기를 주우며 생활하던 사람들이 300명이나 죽고, 집 500채 이상이 파괴되는 대참사가 일어났어요. 사람들이 버린 쓰레기가 산을 이룰 만큼 거대하게 쌓였고, 이 쓰레기 속에서 쓸 만한 물건을 주워서 되파는 사람들이 피해를 당했어요. 너무 가난해서 쓰레기를 뒤지는 일이라도 하는 것이지요. 이처럼 쓰레기 더미 속에서 헌 옷이나 종이, 빈 병 등 돈이 될 만한 것을 주워 모으는 사람을 '넝마주이'라고 해요. 넝마주이는 1980년대까지 서울에도 있었어요.

　온갖 쓰레기가 쌓여 썩으면 역한 냄새가 나고 침출수가 흘러나와요. 건전지와 형광등, 폐전자제품 같은 물건은 유해물질이 나오기 때문에 함부로 버리면 심각한 오염 사고가 생길 수도 있어요.

▼ 사람들이 버리는 쓰레기
　양은 점점 늘고 있다. 쓰
　레기 중에는 소중한 자원
　이 섞여 있기도 하다.

쓰레기는 수출하고 수입하기도 합니다. 휴대폰이나 컴퓨터 같은 전자폐기물에서는 금이나 은, 구리 같은 금속자원을 얻을 수 있고 플라스틱 쓰레기는 재활용할 수 있으니 이것을 수입해서 재활용하는 거예요. 한때 중국은 최대 쓰레기 수입국이었어요. 미국 쓰레기의 78퍼센트를 중국으로 수출했고, 우리나라도 중국으로 폐전자제품과 플라스틱, 비닐 같은 쓰레기를 수출했어요. 2018년 초 중국이 외국 쓰레기 수입을 금지하자 우리나라를 비롯한 많은 나라들은 대혼란에 빠졌어요. 이렇게 '중국발 쓰레기 대란'이 일어나자 수출하지 못하는 쓰레기를 어떻게 처리할지 나라마다 심각한 고민에 빠졌어요.

유럽 사람들이 쓰고 버린 전자제품은 아프리카의 나이지리아와 가나 등으로 수출했어요. 그런데 이런 쓰레기의 이동 때문에 윤리 문제가 생기기도 했어요. 선진국은 자신들이 배출한 쓰레기를 개발도상국에 수출하는데, 이것을 수입한 개발도상국은 쓰레기 처리시설이나 안전장비를 제대로 갖추고 있지 않아요. 맨손으로 쓰레기를 분해하고 처리하느라 노동자들은 점점 병이 들었어요. 분해하고 남은 쓰레기를 그냥 묻거나 태우는 바람에 땅과 물, 공기가 오염되는 피해로 이어지기도 했어요.

바젤협약Basel Convention에 따라 국가 간의 유해폐기물은 수출하거나 수입할 수 없어요. 1989년 스위스 바젤에서 채택된 바젤협약은 유해폐기물의 국가 간 이동 및 교역을 규제하고 금지하는 협약이에요.

재사용 가게

하지만 쓰레기를 수출하기 위해 서류에는 다시 사용할 수 있는 중고 품이나 구호품이라고 적어서 거래하기도 했어요. 쓰레기를 만든 국가 에서 스스로 처리해야 할 쓰레기를 수출이라는 이름으로 다른 나라 에 떠넘기기 때문에 윤리 문제라고 해요.

쓰레기는 긴 여행을 떠나기도 해요. 우리나라 사람들이 버린 생활 쓰레기가 파도와 바람을 타고 태평양 한가운데로 흘러가요. 태평양 한가운데에 있는 하와이에서 우리나라 상표가 붙은 페트병이 발견되 기도 했어요. 바다를 끼고 있는 많은 나라에서 잘 처리하지 못한 쓰 레기가 바다로 흘러가고, 이 쓰레기들은 파도에 부딪히고 강한 햇빛 에 부스러지면서 크기가 점점 작아져요. 그중 일부는 해변에 다시 떠 올라 긴 쓰레기 띠를 이루기도 해요. 세계 곳곳의 해변과 섬들이 이런 해양 쓰레기 때문에 큰 어려움을 겪고 있어요. 해변 쓰레기를 치우고 또 치워도 날마다 떠오르는 쓰레기는 이제 지구촌의 심각한 환경문 제가 되었어요.

재사용 가게의 장점

　지구촌 곳곳에는 쓰레기가 점점 더 폭발적으로 늘어나고 있습니다. 사람들이 물건을 적당히 쓰다가 싫증 나면 곧 버리고, 유행이 지나면 버리고, 옷을 사서 한 철 입고 버리는 습관이 점점 더 많은 쓰레기를 만들고 있어요. 내가 사용하고 버린 쓰레기가 바다를 떠다니고, 잠깐 사용하고 버린 페트병이 내가 죽은 뒤에도 지구 어딘가에 분해되지 않고 남아 있을 수 있어요. 우리는 결국 점점 늘어나는 쓰레기 더미에 갇혀 헤어 나오지 못하게 되는 걸까요? 그렇다면 이 쓰레기 문제를 해결할 수 있는 방법은 뭘까요?

　재사용 가게에 가 본 적 있나요? 쓰레기 중에는 다시 쓸 수 없어 폐기해야 하는 것도 있지만 아직은 쓸 만하지만 지겨워져서, 유행이 지나서 버리는 물건도 있습니다. 이것을 재사용 가게에 기증하여 진열해놓으면 눈빛을 반짝이며 찾아온 누군가가 보석을 발견한 듯 기쁜 마음으로 구입해 다시 잘 사용할 수 있어요.

흔히 이런 가게를 '재활용 가게'라고 부르는데, '재사용 가게'라는 말이 더 정확해요. 재활용은 대개 버려진 물건을 모아서 자르거나 녹여서 다른 형태의 물건을 만들어 사용하는 것을 말하지만, 재사용 가게에서는 물건을 변형시키지 않고 종류별로 분류해서 깨끗하게 씻고 닦기만 한 후 다시 판매해요. 이런 물건을 판매한 후 생긴 수익을 생활이 어려운 이웃에게 도움을 주는 데 사용한다고 하여 '재사용 나눔 가게'라고 부르기도 해요.

이 가게에 들어서면 마음이 편해요. 물건값이 너무 싸기 때문에 부담이 없어요. 일반 가게에서 판매하던 가격보다 적어도 50퍼센트, 많게는 90퍼센트까지 싸요. 중고품이니까요. 뿐만 아니라 재사용 가게는 여러 가지 장점이 더 있습니다. 내게는 필요 없지만 아직은 쓸 만한 물건이 새 주인을 만날 수 있도록 돕는 새로운 만남의 장소가 되고 있어요. 내가 가진 물건 중에 잘 사용하진 않지만 버리려고 하니 너무 멀쩡해서 아까운 물건이 종종 있어요. 이것을 재사용 가게에 기증하면 새 주인을 찾을 수 있어요. 우리 집에서는 쓸모없는 물건을 버리지 않고 의미 있게 기증할 수 있어서 좋고, 나에게 필요한 물건은 아주 싼값에 구할 수 있어서 좋아요.

▲ 재사용 나눔가게 중 가장 활발한 거래가 이루어지는 아름다운가게에는 다양한 생활용품과 새활용 제
품이 새 주인을 기다리고 있다.

재사용 가게

재사용 가게에서는 가정에서 사용하던 중고품을 기증한 것뿐 아니라 가게나 기업, 공장 등에 쌓여 있던 재고 물건도 대량으로 기증받아요. 이 재고 물건은 중고가 아니라 한 번도 사용하지 않은 새것이에요. 가끔은 시장에서 살 수 없는 아주 오래된 골동품이 등장하기도 해요. 재사용 가게는 대개 마음이 따뜻한 자원봉사자들이 운영하고 있고 누구나 참여할 수 있어요. 물건을 판매하고 남은 수익은 어려운 이웃이나 도움이 필요한 곳을 돕는 의미 있는 일에 쓰고 있어요. 그래서 재사용 가게에 물건을 기증하거나 필요한 물건을 사기만 해도 좋은 일에 동참하는 것과 같아요.

물건의 처지에서 살펴보자면, 곧 쓰레기 신세가 될 수도 있었는데 재사용 가게 덕분에 새 주인을 만나 생명 연장의 기회를 얻었어요. 인생 2막을 활짝 열었다고 할까요? 지구 차원에서 살펴보자면, 지구의 자원은 정해져 있는데 재사용 가게에서 자원을 순환시키고 쓰레기까지 줄여주니 아주 고마운 가게예요. 소비자의 눈으로 살펴보면, 신제품이 가지고 있는 독성이 사라졌거나 매우 낮아진 안전한 제품을 구할 수 있는 곳이에요. 또 누군가 사용하던 물건이라 저마다 소중한 이야기도 품고 있어요.

벼룩시장,
재사용 가게의 시작

　재사용 가게는 언제 처음 등장했을까요? 사람이 사는 곳 어디나 시장이 열리고 물물교환이 활발합니다. 채소 시장, 골동품 시장, 기념품 시장 등 시장의 종류도 다양해요. 이런 시장 가운데 온갖 종류의 중고품을 사고파는 벼룩시장이 있어요. 벼룩시장은 유럽 야시장에서 유래되었는데 오래된 물건이나 중고품을 사고파는 곳이에요. 벼룩시장이라는 말은 프랑스의 '마르셰 오 푸세Marché Aux Puces'라는 말에서 처음 시작되었고, '푸세'는 프랑스어로 벼룩이라고 해요.

　프랑스 파리에는 파리시청에서 일정한 자리를 할당받고 벼룩시장에 참가하는 '정규 벼룩'과 '무허가 벼룩'이 함께 물건을 판매했어요. 이때 경찰들이 갑자기 출동하여 단속을 하면 무허가 벼룩들은 순식

간에 사라지거나 반대편으로 이동해서 물건을 팔다가 경찰이 떠나면 본래 자리로 되돌아와서 장사를 했다고 해요. 이런 모습이 벼룩이 튀는 것 같다고 해서 벼룩시장이라고 불렀다고 해요.

또 다른 얘기로는, '푸세'가 벼룩이라는 뜻 외에 암갈색이라는 의미도 있어요. 암갈색을 띠는 오래된 가구나 골동품을 팔았다는 뜻에서 유래했다고도 해요. 옷과 책, 그림, 가구, 장식품부터 보석, 골동품 같은 값비싼 물건까지 다양하게 거래하고 있어서 파리 사람뿐 아니라 관광객들도 벼룩시장을 즐겨 찾아요.

유럽의 도시 곳곳에서 벼룩시장이 열리는데, 스페인 마드리드에는 무려 500년이 넘은 스페인 최고의 벼룩시장인 라스트로Rastro가 있어요. 라스트로 시장은 매주 일요일과 공휴일에 열리는데 옷과 잡화, 액세서리, 골동품, 스페인 특산품까지 다양한 물건을 구경할 수 있어요.

벼룩시장이 많은 사람들을 살리기도 했어요. 옥스팜Oxfam, Oxford Committee for Famine Relief은 '가난과 고통의 극복'을 목표로 세계 100여 개국 제휴 협력사 3,000여 곳과 함께 세계 곳곳에서 빈곤 지역 사람들을 돕는 구호활동과 불공정 무역에 대항하는 다양한 활동을 벌이고 있는 국제구호단체예요. 옥스팜의 시작은 벼룩시장이었어요.

제2차 세계대전이 한창이던 1942년 10월 5일, 영국 옥스퍼드의 시민활동가 5명이 지역 교회에 모였어요. 이들은 독일 나치의 점령

▲ 영국 런던의 벼룩시장, 지금도 벼룩시장에선 온갖 생활용품이 거래되고 있다.

재사용 가게

지역에서 전쟁 때문에 굶주리는 수백만 명의 유럽 사람들을 어떻게 구제할 것인가를 의논했어요. 특히 나치가 벌인 해상봉쇄 정책으로 기아에 신음하는 그리스 사람들을 어떻게 도울 것인가가 이날의 주요 토론 주제였어요. 그리스 사람들에게 식량을 줄 수 있도록 영국 정부에 지속적인 요청을 하고, 한편으로는 옥스퍼드 시민들과 함께 생활용품을 모아 구호품을 아테네 등에 보내기로 했어요. 구호품으로 보내기에 적합하지 않은 물건은 벼룩시장을 열어서 시민들에게 되팔아 구호품 운송 비용을 마련하기로 결정했어요.

결과는 어땠을까요? 놀랍게도 이 벼룩시장은 인기가 높아 영국 곳곳으로 번져나갔어요. 덕분에 그리스 사람들뿐 아니라 벨기에 사람들도 도울 수 있었어요. 여기에 힘입어 1947년엔 옥스퍼드 브로드가에 최초의 재사용 나눔가게인 '옥스팜 체러티 숍Oxfam Charity Shop'을 열었어요.

옥스팜 가게에서 얻은 수익으로 1950년대 알제리 내전을 피해 모로코와 튀니지로 피신한 난민들에게 식량과 옷을 지원했어요. 1994년에는 르완다 내전으로 생겨난 고마 지역의 최대 난민촌에 가장 먼저 깨끗한 물을 공급했고, 유혈 사태를 종결하고 생존자를 도울 것을 촉구하는 캠페인도 벌였어요. 2014년 12월 인도네시아 람파야 지역에 들이닥친 지진해일 때문에 집을 잃은 사람들에게도 깨끗한 물과 식량, 피난처를 마련해주었어요. 이 밖에도 세계 곳곳에서 어려움에 처한 많은 사람들을 도왔어요.

옥스팜은 우리나라를 돕기도 했어요. 1953년 한국전쟁 때 고아와 빈민들을 위해 약 6만 파운드를 지원하여 한국 정부와 국제기구가 함께 긴급 구호활동을 할 수 있게 도왔어요. 서울과 부산의 빈민가에 급식소를 세워서 먹을거리를 나눠주고, 고아와 장애인 등 소외계층에게 식량을 주고 기술교육도 시켜주었다고 해요.

옥스팜 가게에서 판매하는 모든 물건은 100퍼센트 기증품이고, 수익금은 세계 곳곳의 가난한 사람들을 돕는 구호활동 같은 나눔 사

▲ 영국의 옥스팜 가게. 옷과 생활용품, 책, 음반 등 종류별로 다양한 물품을 갖춘 옥스팜 가게가 곳곳에 있다.

재사용 가게

업에 투자해요. 이 가게에서 옷이나 신발을 사는 순간 재사용 운동에 동참하고 기부도 하는 셈이지요. 이런 옥스팜의 활동은 나눔의 개념을 바꾸기도 했어요. 특별한 사람이나 여유 있는 부자만 기부하는 게 아니라 일상생활 속에서 누구나 자신의 물건을 기증하고 이 물건을 통해서 나눔을 실천할 수 있다는 새로운 길을 열었어요.

옥스팜 가게는 전 세계에 1만 5,000여 개나 있고 이런 활동을 지켜본 나눔 단체들도 재사용 나눔가게를 열었어요. 이런 가게를 이용하는 사람들은 스스로 환경과 인류를 생각하고 있다는 자부심을 가지고 있어요. 물건을 기증하고 구입하는 작은 일이 지구촌의 소중한 생명을 살리는 놀라운 기적을 일으키고 있으니까요.

우리나라의 재사용 가게

우리나라에도 재사용 가게가 있습니다. 1996년 경기도 과천에서 환경문제에 관심이 많은 사람들이 모여 '푸른 내일을 여는 여성들'이라는 시민단체를 만들었어요. 이 단체는 과천생협을 만들어 운영하고 자원 재활용 캠페인과 알뜰시장도 여는 등 과천 지역에서 다양한 활동을 벌였어요. 그러다가 가끔 열리는 알뜰시장이 아니라 물물교환을 할 수 있는 상설 공간이 필요하다고 생각했고, 과천시민회관 지하에 재사용 물물교환 공간인 '알뜰매장(이후 과천녹색가게)'을 열었어요. 이것이 바로 우리나라의 첫 재사용 가게였어요.

그 후 1997년 우리나라에 IMFInternational Monetary Fund(국제통화기금) 외환 위기가 닥치면서 형편이 어려워진 사람들이 늘어나자 아나

바다 운동이 유행했어요. 아나바다 운동이란 물건을 '아껴 쓰고 나눠 쓰고 바꿔 쓰고 다시 쓰자'의 줄임말로, 물건을 아껴 쓰고 절약을 생활화하여 낭비와 불필요한 지출을 줄이자는 절약 운동이에요. 아나바다 장터에서 사용하지 않는 물건을 다른 사람과 바꿔 쓰고, 교복이나 교과서를 물려주거나 장난감과 동화책을 나눠 쓰면서 지나친 씀씀이를 줄이고, 더불어 자원을 재활용하고 쓰레기도 줄여서 환경을 살리자는 운동이에요.

이런 절약 운동에 힘입어 YMCAYoung Men's Christian Association(기독교청년회)는 과천의 알뜰매장을 모델로 전국 곳곳에 녹색가게를 열었어요. 녹색가게는 중고 생활용품을 기증하거나 다른 물건으로 교환하여 다시 쓰고 바꿔 쓰는 만남의 공간이 되었고, 뜻있는 시민들이 자원봉사를 하면서 나눔의 정신을 실천하고 있어요. 가게 수익금은 지역 후원금으로 쓰고 있어요.

한편, 우리나라에서 재사용 가게로 가장 널리 알려진 아름다운가게는 시민단체인 참여연대가 옥스팜을 모델로 만들었어요. 참여연대의 여러 활동 중 하나로 출발했다가 2002년 서울시 안국동에 '아름다운가게 1호점'을 열면서 독립했어요. 이후 뜻있는 사람들의 물건 기증이 이어졌고, 기업들도 기증에 적극 참여하면서 전국 곳곳에 매장 100곳을 운영하고 있어요. 서울 경기 지역에서 기증한 물건을 분류하는 서울그물코센터에서는 종류별로 옷과 가방, 신발, 주방용품, 도서,

▲ 2002년 서울시 안국동에 처음 문을 연 아름다운가게 1호점.

가전제품, 잡화 등으로 분류하고 적절한 가격을 정한 뒤 다시 아름다운가게 매장에서 판매해요. 아름다운가게는 수많은 자원활동가들의 재능 기부로 운영되고 있고, 수익금은 형편이 어려운 이웃이나 소년소녀 가장, 해외에 도움이 필요한 사람들을 위해 쓰고 있어요.

이렇게 우리나라에서 공익 목적으로 재사용 나눔가게를 운영하는 곳은 녹색가게와 아름다운가게, 구세군 희망나누미, 굿윌스토어, 기아대책 행복한 나눔까지 5곳이 있는데, 이곳에서 운영하는 매장은 전국에 200여 곳이 있습니다. 이 외에도 자활기관이나 복지관, 마을 등에서 운영하는 곳까지 더하면 훨씬 다양한 재사용 가게가 있어요.

재사용 나눔가게는 기증과 판매, 나눔 외에도 다양한 활동을 벌이고 있는데, 이 중 눈여겨볼 것은 '새활용'이에요. 아름다운가게에는 많은 사람들이 다양한 생활용품을 기증하고 있는데, 기증품은 종류별로 다시 선별하여 판매할 것과 폐기할 것을 나눠요. 판매 가능한 물품은 매장에서 진열하여 새로운 주인을 기다리는데, 모든 제품이 새 주인을 만나는 건 아니에요. 특히 청바지와 티셔츠, 와이셔츠 등은 많이 기증하지만 판매되는 양은 매우 적어요. 이것을 모아 아름다운가게의 디자인팀인 '에코파티메아리'에서는 새롭게 디자인을 하여 처음과는 전혀 다른 물건으로 탄생시켜요. 헌 티셔츠는 고릴라 인형이 되고, 와이셔츠와 양복은 디자인이 독특한 가방이 되었어요. 청바지는 개성 있는 가방과 파우치로 새로 태어났어요. 소파 공장에서 기증받은 가죽 조각은 교통카드 지갑이나 동전 지갑, 여권 케이스, 개성 있는 가방 등으로 변신했어요.

이렇게 버려진 물건에 멋진 디자인을 가미하여 본래 물건의 용도와 전혀 다른 새로운 가치를 가진 물건으로 탄생시키는 것을 새활용이라고 해요. 영어로는 '업사이클링upcycling'이라고 해요. 업사이클링은 '개선하다, 높이다'는 뜻을 가진 '업그레이드upgrade'와 재활용한다는 '리사이클recycle'을 합친 말이에요. 물건을 재사용하는 것에서 더 나아간 개념이자, 재활용품의 가치를 높였다는 의미를 담고 있어요. 이런 새활용 덕분에 자칫 쓰레기가 되어 폐기될 뻔한 물건들이 새로운 물건으로 다시 태어나 인생 2막을 열 수 있게 되었어요.

이런 새활용 제품은 내 손으로 직접 만들어볼 수도 있어요. 입지 않는 옷이나 예쁜 천 조각으로 장바구니나 작은 가방을 만들어 사용할 수 있고, 가죽옷이나 가죽제품으로 멋진 가방이나 지갑을 만들 수도 있어요. 추억과 애정이 담긴 오래된 물건을 재료로 시간과 정성을 들여서 내가 직접 만든 세상에서 하나뿐인 이 물건은 매우 특별하게

다가올 거예요.

　이 외에도 다 읽은 책은 중고 서점에 판매하거나 마을 도서관, 북카페 등 여러 사람들이 이용하는 곳에 기증하고, 장난감은 장난감 대여점이나 장난감 도서관 등에 기증할 수도 있어요. 옷을 비롯한 각종 생활용품은 이웃이나 친구에게 물려주거나 아파트나 동네 벼룩시장에서 판매할 수도 있고, 인터넷 중고 사이트에서 새 주인을 찾을 수도 있어요. 생활용품을 모아서 판매한 수익금은 도움이 필요한 제3세계 국가 아이들을 돕는 단체에 기부해도 좋아요.

　우리말 중에 '쓸모 있다'는 말이 있어요. 쓸 만한 가치가 있다는 뜻이지요. 내게는 더 이상 쓸모가 없어서 버려진 물건이 새로운 주인을 만나 쓸모 있는 물건으로 다시 태어나게 해주는 곳이 바로 재사용 가게예요. 재사용 가게 덕분에 사람들이 쓰고 버린 엄청난 쓰레기를 대폭 줄일 수 있게 되었어요. 더 이상 쓸모가 없어진 물건을 재사용 가게에 기증하고, 이 가게에서 쓸모 있는 물건을 사서 즐겨 이용하면 마음이 한결 가벼워지고 지구의 부담도 덜어줄 수 있어요. 이것이 바로 재사용 가게가 지구를 살리는 기발한 물건에 당당하게 이름을 올린 까닭이에요.

▲ ◀ 에코파티메아리에서 만든 다양한 새활용 생활용품.
▶ 여행 가방으로 만든 서랍장.
─ ◀ 와인병으로 만든 전등.
▶ 가죽과 청바지를 활용한 가방.
▼ ◀ 코르크 병마개로 만든 무드등.

서울 성동구에 있는 아름다운가게 서울그물코센터에는 서울과 경기 지역의 기부 물품이 모인다. 물품을 실은 트럭이 들어오면 직원들 10여 명이 '판매할 수 있는 물품'과 '판매할 수 없는 물품'을 골라내는 선별 작업을 한다.

▶ 어떤 물건을 기부해야 할까?

기부 물품은 하루에 1톤 트럭으로 16~17대가 들어오는데, 대량 기부 물품이 들어오는 날은 20대가량이나 되기도 한다.

기부 물품은 옷과 가방, 신발, 주방용품, 잡화, 전자제품 등 다양하다. 이 중 판매할 수 있는 물품으로 선별된 것은 적절한 가격을 책정하여 가격표를 붙인 뒤 서울 시내 곳곳에 있는 아름다운가게의 매장으로 옮겨 가지런히 진열하여 새로운 주인을 기다린다.

선별된 기부 물품 가운데 판매할 수 없는 물품은 60~70퍼센트나 된다. 판매하기 어려운 이유는 보기엔 멀쩡한데 작동이 안되거나 부속품이 없는 것, 옷의 사이즈가 너무 작거나 유행이 지나서 소비자들이 찾지 않는 것, 얼룩이 묻은 것 등 다양하다. 이 중에서 중고품을 판매하는 상인들이 옷이나 생활용품을 골라가고 제3세계에 수출도 하여 폐기되는 양을 되도록 줄이려고 노력한다.

그런데 기부 물품 중에는 비양심 물품들도 적지 않다. 누가 봐도 입을 수 없는 낡은 옷, 뒤축이 낡아서 신을 수 없는 신발, 한 짝이 없는 낡은 양말이나 장갑, 심지어 입었던 흔적이 뚜렷한 속옷이 섞여 있기도 하다. 코팅이 다 벗겨진 프라이팬, 녹이 슨 전자제품, 손잡이가 부러진 물품 등 종류도 다양하다. 2017년 아름다운가게에 들어온 기증품은 약 2,155만 점으로, 2013년(1,143만여 점)보다 2배가량 늘었다. 폐기량 역시 2017년 1,460만여 점으로, 2013년(약 496만 점)보다 3배나 늘었다.

이렇게 폐기해야 할 물품 기부가 늘어나는 것은 기부에 대한 인식이 부족하기 때문이다. 다른 이가 사용해도 좋은 물건인지를 먼저 생각하고 기부해야 하지만 집 안에서 처치 곤란한 물건을 처리한다는 생각으로 기부하기 때문이다.

한편, 기부를 생각하면서 물건을 정리하던 A씨는 어떤 물건을 기증해야 할지 구별하는 게 쉽지 않다고 말했다. 내가 기증한 물품이 폐기될 수도 있다고 생각하니 기부가 망설여진다고도 했다. 내가 애정을 가지고 사용하던 물건이 누군가에게 도움이 되기를 바라는 마음에서 기부를 하지만 다른 사람의 눈에는 너무 낡거나 유행이 지난 물건이 되어 매력이 없을 수도 있기 때문이다.

아름다운가게 관계자는 물품을 기부할 때는 친한 친구나 이웃에게 줄 정도로 괜찮은 물건인지를 생각하고 기부하는 것이 좋다고 말했다. 그리고 기부 문화에 대해 올바르게 이해하여 앞으로도 더욱 많은 이들이 참여하기를 바란다고 했다.

토론해보아요

1. 위의 글을 읽고 자신의 의견을 말해보세요. 기부 물품이 늘어나는 것이 과연 옳은지, 비양심 기부를 줄이려면 어떻게 해야 하는지 말해보세요. 그리고 자신이 기부한 사례나 재사용 가게를 이용한 경험이 있다면 말해보세요.

_____

_____

2. 우리나라에서 배출되는 쓰레기 양을 줄이려면 어떤 방법이 있을까요. 자신의 생각을 말해보세요.

_____

_____

5

복잡한 도시를 살리는 초록 허파

공원

세계 최초의 국립공원, 옐로스톤

여행을 좋아하나요? 트레킹을 좋아하는 사람이라면 한 번쯤 가보고 싶어 하는 유명한 옐로스톤에 대해 들어본 적 있나요? 옐로스톤은 미국 서북부 와이오밍주에 있는 북아메리카 대륙 최대의 놀랍고도 아름다운 화산 지대입니다. 약 210만 년 전부터 60만 년 전까지 대규모 화산 분출이 3번이나 있었고, 그 후 7만 년 전까지 작은 화산 분출이 계속 이어지면서 지금의 옐로스톤이 만들어졌습니다. 화산활동으로 형성된 노란색 바위 때문에 이곳에 살던 인디언들은 옐로스톤을 '노란 바위의 강'이라고 불렀어요.

노란빛을 띤 깊은 협곡과 물이 솟아오르는 웅덩이, 쉭쉭거리는 구멍, 부글거리는 진흙, 무지개 색깔로 물든 간헐천 등 옐로스톤의 경이

▲ 옐로스톤 국립공원에 있는 직경 112미터나 되는 간헐온천.
온천의 푸른색은 뜨거운 물속에서 빠르게 자라는 시아노 박테리아가 살기 때문이다.

롭고 신비로운 자연경관은 1800년대 초 사냥꾼과 모피상, 금광 채굴가들의 입에서 입으로 전해졌습니다. 이 소문을 들은 몇몇 사람이 옐로스톤을 탐험하고 돌아와 김이 나는 강, 높이 치솟는 물, 끓고 있는 진흙, 석화된 나무, 황색 바위가 있는 산 등 자신이 직접 본 놀라운 것들을 얘기하고 기록도 남겼어요. 하지만 이 얘기를 들은 사람들은 헛소리나 거짓말이라며 믿지 않거나 사실이 아닌 신화 정도로 받아들였다고 해요. 화산 지대를 본 적 없는 사람들에겐 너무나 황당한 얘기였을 테니까요.

그 후 시간이 한참 흐른 1870년, 헨리 위시번Henry Washburn(몬태나주 측량 장관)과 너새니얼 랭포드Nathaniel Langford(이후 옐로스톤 국립공원 초대 관리소장), 구스타버스 도언Gustavus Doane(육군 파견대 사령관 중위) 등이 옐로스톤 지역을 탐험하기로 했습니다. 그동안 소문으로만 전해지던 옐로스톤을 직접 확인하기 위해 탐험대를 꾸려 먼 길을 떠났어요.

아메리카 대륙은 너무나 넓고 당시에는 지금과 같이 시원하게 뚫린 도로가 없어 탐험에는 꽤 오랜 시간이 걸렸어요. 그렇게 두 달 동안 고된 탐험 끝에 옐로스톤에 도착한 탐험대는 눈앞에 펼쳐진 놀라운 풍경을 보고 감탄사를 터뜨렸어요. 부글부글 끓고 있는 온천, 쉴 새 없이 분출하는 물기둥, 거대한 폭포와 곳곳에 살고 있는 야생동물과 식물, 그리고 이것과 어우러진 숲은 마치 신비로운 동화의 나라를 보는 것 같았어요.

1870년 9월 19일 밤, 들뜬 마음으로 강변에 모닥불을 피우고 둘러 앉은 탐험대는 옐로스톤의 신비로운 자연현상에 대해 얘기하고, 이곳의 상업적 가치와 소유권에 대해 토론했습니다. 당시 미국은 새로 발견한 땅에 깃발만 꽂으면 자신의 땅이 될 수 있었던 시절이었어요. 당연히 탐험대는 이제 이 땅이 자신들의 소유가 될 거라고 생각했어요.

그런데 탐험대원 중 법률가인 코르넬리우스 헤지스Cornelius Hedges 가 매우 흥미로운 얘기를 꺼냈어요. 헤지스는 새로 발견한 이 신비로운 땅을 개인 소유로 만들고 상업적으로 이용하기보다는 모든 사람들이 이용하고 즐길 수 있는 보존 지역으로 지정하자고 제안했어요. 힘들게 찾아온 탐험대의 권리를 모두 포기하고 공공 공원의 개념을 적용하여 옐로스톤을 영구적으로 보존하고, 모든 사람들이 보고 즐길 수 있게 만들자는 놀라운 제안이었어요.

당시 미국은 전 국토에 대한 토지 소유가 거의 확정되어가던 무렵이라 너도나도 앞다투어 땅을 차지하려고 경쟁을 벌이던 시기였어요. 가장 먼저 발견한 사람이 땅의 주인이 되던 시절에 엄청난 가치가 있는 땅을 사유화하지 않고 공공이 소유하고 이용할 수 있는 방법을 생각한다는 것은 정말 놀라운 발상이었어요. 더 놀라운 것은 헤지스의 얘기를 들은 탐험대원들이 모두 그 자리에서 흔쾌히 동의했다는 거예요. 이들 중에는 미국 최초의 공공 공원이 설립될 것이라는 기대 때문에 흥분하여 밤새 잠을 이루지 못한 사람도 있었다고 해요.

옐로스톤 탐험대의 성과가 널리 알려지자 이듬해인 1871년 연방 정부가 학술조사단을 파견하여 공식적인 탐사를 했습니다. 탐험대원 34명과 마차 7대, 육군 공병대가 함께 탐험을 나섰는데, 이 조사단에는 화가와 사진작가도 동행했어요. 이전에 사냥꾼들과 탐험가들이 옐로스톤의 놀라운 풍경을 본 후 글을 써서 기록으로 남겼지만 이것을 직접 보지 않은 사람들은 터무니없는 이야기라며 무시했어요. 그러자 연방정부 공식 탐사대의 사진작가인 윌리엄 잭슨이 찍은 흑백사진 위에 화가인 토머스 모런이 마치 컬러 사진처럼 생생한 색감을 칠해서 정부 관계자와 사람들에게 보여주었어요. 이 사진을 본 사람들을 중심으로 미래 세대를 위해 옐로스톤을 보존하는 것이 좋겠다는 쪽으로 여론이 형성되었어요.

1872년 3월 1일, 마침내 미국 율리시스 그랜트Ulysses S. Grant 대통령은 옐로스톤 강 유역을 포함한 200만 에이커(약 81만 헥타르)를 세계 최초의 국립공원으로 지정했습니다. 그랜트 대통령은 "국립공원은 모든 국민의 복리와 즐거움을 위한 공공의 공원이며 위락지"라고 선언했어요. 이렇게 국립공원 제도가 처음으로 탄생했어요. 그 후 유명한 그랜드캐니언과 요세미티 등이 차례차례 국립공원으로 지정되었고, 국립공원 제도는 전 세계로 퍼졌어요. 지금은 200여 국가에서 2,000여 곳을 국립공원이거나 이와 비슷한 보존 지역으로 지정하여 관리하고 있어요.

미국 사람들은 인류가 만들어낸 아이디어 중 가장 훌륭한 것이 국립공원이라며 자부심이 대단해요. 만약 옐로스톤을 국립공원으로 지정하지 않았다면 지금쯤 이곳은 어떻게 변했을까요? 상상만 해도 아찔하지 않나요?

▲ 옐로스톤에 있는 거대한 폭포와 숲.

우리나라 국립공원 제1호는 지리산

우리나라에도 국립공원이 있습니다. 반달가슴곰이 곳곳을 누비는 깊고 울창한 지리산, 눈부시도록 하얀 바위들이 펼쳐지는 설악산, 숲속에 마치 카펫을 깔아놓은 것처럼 야생화들이 아름답게 핀 오대산, 짙푸른 바다 위에 수많은 섬들이 아름답게 떠 있는 한려해상과 다도해, 복잡한 서울에 이렇게 울창한 숲이 있었나 싶을 정도로 자연 생태계가 우수한 북한산 등 저마다 개성 있는 국립공원이 있어요. 한국의 국립공원은 우리나라를 대표할 만한 자연 생태계와 자연·문화경관의 보전을 전제로 지속 가능한 이용을 도모하고자 환경부 장관이 지정하고 국가가 직접 관리하는 보호 지역입니다.

우리나라에서 처음으로 국립공원을 제안한 사람은 일제강점기 때 일본인이었습니다. 1933년 일본인 다무라(田村剛)는 금강산을 답사한 후에 국립공원 지정 구상을 발표했어요. 그러나 곧 중일전쟁이 일어나면서 실현되지 못했어요. 세월이 흘러 1960년대 초반 무렵 지리산에 많은 사람들이 몰려와 산행을 하고 함부로 야영을 하면서 아름답고 웅장한 지리산이 점점 훼손되었어요. 이런 문제를 걱정하고 고민하던 전남 구례 주민들이 나서서 지리산 보전 방법을 찾아달라며 중앙정부에 청원을 했어요. 그러자 국가재건국민운동본부(1961년 설립되어 국민 동원 운동을 전개한 중앙행정기관)가 내려와 지리산 지역을 조사했고, 이 조사를 바탕으로 지리산을 국립공원으로 지정하자고 정부에 제안했어요.

▼ 물 맑은 지리산국립공원의 뱀사골 계곡.

▲ 설악산국립공원.
▼ 소백산국립공원.

그 후 정부는 몇 년 동안 공원법 같은 관련 법규와 제도를 마련한 뒤 1967년 12월 29일 드디어 우리나라 제1호 지리산국립공원을 발표했습니다. 이어서 1970년대에 경주와 계룡산, 한려해상을 국립공원으로 지정했고, 다른 지역에서도 자신들이 사는 지역 명소를 국립공원으로 지정해달라는 주민들과 지방행정기관의 청원이 잇따랐어요. 당시엔 공원으로 지정되면 도로를 닦고 주택을 개량해주는 큰 혜택이 있었기 때문이에요.

이렇게 1970년대에 13곳을 국립공원으로 지정했고, 1980년대 7곳, 2013년 무등산, 2016년 태백산이 추가되어 현재(2018년)까지 모두 22곳이 국립공원으로 지정되었어요. 우리나라 국립공원은 자연공원법에 따라 다섯 가지 필수 요건을 갖추어야 지정될 수 있습니다.

1. 자연 생태계 자연 생태계의 보전 상태가 양호하거나 멸종 위기 야생동식물, 천연기념물, 보호 야생동식물 등이 서식할 것.

2. 자연경관 자연경관의 보전 상태가 양호하여 훼손이나 오염이 적으며 경관이 수려할 것.

3. 문화경관 문화재 또는 역사적 유물이 있으며, 자연경관과 조화되어 보전의 가치가 있을 것.

4. 지형 보존 각종 산업 개발로 경관이 파괴될 우려가 없을 것.

5. 위치 및 이용 편의 국토의 보전·관리 측면에서 자연공원을 균형 있게 배치할 수 있을 것.

우리나라 국립공원을 특징별로 살펴보면 설악산과 한라산처럼 웅장하고 높은 산으로 이루어진 산악형이 18곳, 한려해상과 다도해, 태안해안처럼 푸른 바다와 해안, 섬이 함께 있는 해상·해안형이 3곳, 경주처럼 국보급 문화재가 많은 사적형 1곳으로 나눌 수 있어요. 사람들은 흔히 국립공원을 자연 생태계의 보고(寶庫), 즉 보물창고라고 해요. 왜냐하면 국립공원에는 소중한 생명과 보호해야 할 가치가 있는 것들이 모여 있기 때문이에요.

지리산국립공원에는 반달가슴곰이 살고 있어요. 가슴에 하얀 반달무늬가 선명하게 있는 반달가슴곰은 우리나라 깊은 숲 곳곳에 살았지만 사람들의 무분별한 밀렵과 잘못된 보신 문화 때문에 거의 사라지고 지리산에만 겨우 몇 개체가 남아 있었어요. 이대로 가면 멸종이 확실하기 때문에 반달가슴곰 복원 사업을 서둘렀어요.

러시아와 동물원에서 자란 어린 반달가슴곰을 지리산에 방생하여 본래 숲에 살던 반달가슴곰과 어울려 살게 해주었어요. 야생동물 전문가들이 곰의 행동과 먹이, 번식, 잠자리 등을 면밀히 연구하고, 지리산을 찾아오는 탐방객들에게는 곰을 만났을 때 주의할 점을 알려주고 모든 야생동물에게 큰 위협이 되는 올무와 덫 같은 밀렵 도구를 제거하는 일도 열심히 했어요. 여러 해 동안 많은 공을 들인 결과 지리산에 사는 반달가슴곰은 60여 개체로 늘어났어요. 지리산은 곰 같은 대형 포유류가 살 수 있을 정도로 숲이 깊고 넓을 뿐 아니라 야생동물의 먹이가 풍부해서 아주 좋은 환경을 갖추고 있어요.

설악산에는 멸종 위기종 산양이 살고 있고, 여덟 가지 아름다운 빛깔을 띠고 있는 신기한 팔색조는 한려해상국립공원을 찾아오고, 황근과 망개나무, 미선나무, 광릉요강꽃 등 멸종 위기 식물도 국립공원에 자생지가 있어요. 이처럼 국립공원에는 국내에 기록된 생물종 4만 5,295종 가운데 45퍼센트나 되는 2만 568종이 살고 있고, 국내 멸종 위기종 246종 가운데 160종이 살고 있어요. 또 풍경이 아름다운 명승지와 오래된 절, 문화재를 비롯한 국보 41건과 지정 문화재 733건도 모두 국립공원의 품 안에 있어요.

소중한 곳인 만큼 국립공원은 매우 엄격하게 관리하고 있고, 우리가 지켜야 할 것도 있어요. 국립공원에서는 정해진 탐방로를 따라서만 걸을 수 있고, 지름길을 만들어 걷거나 숲을 마구 헤집고 다닐 수 없어요. 사람들이 숲을 함부로 헤집고 다니면 야생동물이 놀라 도망가고 야생식물이 짓밟힐 수 있기 때문이에요. 희귀한 동식물이 살고 있어서 보전 가치가 높은 곳이거나 많은 탐방객이 몰려 훼손이 심한 곳은 여러 해 동안 출입금지구역으로 정한 뒤 탐방로를 폐쇄하기도 해요. 사람의 출입을 금지하고 자연이 스스로 회복하기를 기다리는 거예요. 또 산불이 일어나기 쉬운 겨울철에는 탐방로를 닫고, 여름 장마 때나 태풍, 강풍, 폭설 등 위험이 닥칠 때에는 출입을 금지하기도 해요. 무엇보다 안전 산행이 중요하니까요.

국립공원에 대해 자세히 알고 싶다면 야생동식물의 특징과 숲의 역사, 전설 같은 전문 해설을 들을 수 있고, 다양한 자연 생태계와 역사, 문화재, 지질 관련 교육 프로그램에도 참여할 수 있어요. 또 산행을 시작하기 전 탐방안내소에서 국립공원에 대한 기본 공부도 할 수 있어요.

이렇게 국립공원에서는 탐방객들이 할 수 있는 일과 할 수 없는 일이 뚜렷하게 나눠져 있는데, 이것을 어기면 벌금을 내거나 처벌을 받아야 할 정도로 엄격하게 관리하고 있어요. 이렇게 관리하여 숲을 본래의 원시림으로 되돌리는 게 목표이기 때문이에요. 우리나라 숲은 일제강점기와 한국전쟁을 거치면서 집을 짓거나 땔감으로 쓰기 위해 벌목하고 몇 차례 큰불이 나서 황폐화되었어요. 1970년대에 국가 차원에서 대대적인 '나무심기운동'을 벌이면서 전국의 민둥산이 지금

▲ 숲을 찾는 사람들을 위해 탐방안내소와 국립공원 해설 프로그램을 운영하고 있다.

과 같은 푸른 숲이 되었어요. 그런데 1980년대 이후부터는 택지 개발과 골프장, 스키장을 비롯한 휴양 시설, 도로 같은 무분별한 개발이 이어지면서 다시 많은 숲이 사라졌어요. 우리나라에서 국립공원마저 훼손되면 더 이상 울창한 원시림은 없다고도 할 수 있어요. 그래서 국립공원은 우리나라 자연 생태계의 마지막 보루(堡壘, 지켜야 할 대상)라고 해요.

4
도시공원은 근대의 발명품

깊고 울창한 국립공원은 멀리 있지만 많은 사람들이 모여 사는 도시에는 도시공원이 있습니다. 복잡한 도시에는 수많은 건물이 빼곡하게 들어차 있고, 집들이 산 중턱까지 다닥다닥 붙어 있어요. 이곳에 푸릇푸릇한 도시공원이 있어서 천천히 산책을 하면서 맑은 공기를 느낄 수 있고 삶의 여유도 찾을 수 있어요. 숲이 우리에게 주는 혜택과 위안은 헤아리기 어려울 정도로 매우 커요.

누구나 좋아하는 도시공원은 근대 시설이자 발명품이라고 해요. 물건도 아닌데 왜 발명품일까요? 공원을 의미하는 파크park의 어원은 고대 프랑스어에서 시작되었습니다. 당시에 '파크parc'는 사냥터를 말했어요. 중세 유럽 귀족들은 일정한 공간에 사슴과 토끼, 여우 같은

공원

동물을 가둬놓고 사냥을 즐길 수 있게 그들만의 수렵장을 조성해놓 았어요. 이후 17~18세기에 왕권이 무너지고 시민혁명(18세기 후반~ 19세기 초, 시민계급이 주체가 되어 자본주의 사회 체제를 세운 혁명)이 일어 나면서 퍼블릭 가든public garden이 등장했어요.

시민혁명이 일어나고 시민사회가 성장하니 왕실과 귀족들은 일반 시민들에게 다가가기 위해 그들만의 공간인 왕실의 정원과 수렵장, 귀족들의 정원을 시민들에게 공개했어요. 왕실이 나서서 적극적으로 개방한 곳도 있고 왕권이 무너지면서 어쩔 수 없이 개방하게 된 경우 도 있었어요. 이렇게 왕실이나 귀족의 정원, 사냥터를 개방하는 과정 에서 퍼블릭 가든이라는 용어가 새롭게 등장했어요. 도시공원으로 유 명한 영국 런던의 하이드 파크(런던을 대표하는 영국식 정원)가 바로 영 국 왕실의 사냥터였어요.

18세기 후반 산업혁명(1760~1840년 영국에서 방적기계의 개량이 발 단이 되어 일어난 사회·경제 구조상의 변혁)이 완성되던 시기에 도시 환경 은 매우 열악했어요. 많은 사람들이 도시로 몰려들면서 도시 인구가 10~20배까지 폭발적으로 증가하자, 생활공간이 매우 비좁아 불편하 고 폐병과 돌림병 등이 돌면서 많은 사람들이 한꺼번에 죽기도 했어 요. 쾌적한 공간을 간절히 원했던 사람들은 공원이 가진 가치에 대해 생각하게 되었어요. 사람들은 공원에서 소풍을 즐기면서 삶의 여유를 찾고 나무와 꽃을 바라보면서 마음의 위안도 받고, 이곳에서 사람들을 만나 교류하면서 시민사회도 성장하게 되었어요.

사람들은 이런 소중한 공간이 더 많이 필요하다고 느꼈어요. 귀족들과 시민사회 지식인을 중심으로 이미 개방한 정원뿐 아니라 공원이 아닌 곳도 공원으로 만들자고 주장했어요. 그리하여 위생 설비, 하수도 시스템 등과 함께 도시계획의 하나로 자연을 담은 시설인 공원을 만들게 되었어요. 이렇게 산업화 시대의 복잡한 도시문제를 해결하기 위한 방법으로 고안한 발명품이 바로 공원이에요.

그 첫 사례가 영국의 리버풀에 있는 버컨헤드 파크예요. 1846년 이 지역 사람들은 공원을 만들자는 의견을 모아 부유한 사람들이 돈을 내고 시민들의 세금을 모아서 공원을 만들었어요. 시민들이 세금을 냈기 때문에 공원의 소유는 시민이고 이용하는 사람들도 시민인 최초의 공원이 발명되었어요. 이 버컨헤드 파크는 미국 뉴욕 센트럴 파크를 비롯한 세계 많은 나라의 공원에 영향을 미쳤어요. 27세의 젊은 청년이었던 프레더릭 로 옴스테드Frederick Law Olmsted는 영국을 여행하다가 버컨헤드 파크를 보고 큰 감명을 받았어요. 이후 미국으로 돌아간 옴스테드는 뉴욕 센트럴 파크를 설계했어요.

당시 미국의 도시 환경도 매우 열악했어요. 1820~1850년까지 30년 동안 뉴욕시의 인구가 10배 증가하면서 복잡한 도시에 모여 사는 사람들의 삶은 매우 힘겨웠어요. 그러자 1850년 저널리스트인 윌리엄 브라이언트William Bryant가 <뉴욕포스트>에 글을 써서 공원 건설

▲ 미국 뉴욕의 센트럴 파크, 고층 빌딩과 숲이 어우러져 있다.

캠페인을 시작했고, 많은 이들이 기부를 하고 세금도 걷으면서 공원을 조성하기 시작했어요. 당시 센트럴 파크 자리에는 채석장과 돼지 농장이 있었고, 무단 입주자의 판자촌이 있었는데, 1856년 이곳을 공원으로 만들기로 하면서 조경가였던 옴스테드와 칼버트 복스Calvert Vaux가 공원의 설계를 담당하게 되었어요.

옴스테드가 설계한 공원의 기본 개념은 최단 시간에 도심에서 자연으로 탈출하는 것, 즉 도심 가운데 울창한 자연을 만들겠다는 것이 있었어요. 이 개념이 전 세계로 퍼져 도시공원 설계에 큰 영향을 미쳤고, 도시공원 설계의 전형적인 표본이 되었어요. 당시 뉴욕의 공원에서 레크리에이션을 열면 상류층과 하류층이 만나서 댄싱스쿨을 즐기고 음악회에도 참여하면서 함께 어울렸어요.

이 과정에서 다양한 사람들이 만나 얘기하고 토론하면서 민주주의가 성숙했고 사회문제를 해결하는 데도 매우 중요한 역할을 했어요. 공원이라는 공간이 큰 힘을 발휘하게 된 것이죠. 옴스테드는 공원의 역할과 가야 할 방향에 대해 정확하게 예견했고, 당시에는 매우 앞선 개념이었다고 해요. 이후 이 개념이 우리나라 공원의 설계에도 바탕이 되었어요.

우리나라 공원의 역사

우리나라는 19세기 말 봉건사회에서 근대화로 바뀌는 시기에 공원이라는 말이 처음 등장했어요. 대한제국을 선포한 고종은 외국에 사절을 파견하고 젊은 유학자를 유학 보내서 선진 문물을 배워 오게 했어요. 1880년 이후 이들이 쓴 해외 파견 보고서와 개인 일기, 견문록 등에서 공원이 처음 나오는데, 유길준 선생이 쓴 《서유견문(西遊見聞)》에는 구미 제국의 도시계획과 공원 관련 기사가 상세하게 기록되어 있어요.

그 후 우리나라에도 공원이 만들어졌어요. 우리나라 최초의 공원은 학자들마다 의견이 여러 가지인데, 주로 3곳을 말해요. 첫 번째 주장에 따르면 인천 자유공원 자리에 한국 최초의 공원이 있었다고 해요. 이곳은 우리나라 땅이지만 외국인들이 거주하면서 외국법이 적용

되는 조계지(열강이 관리하도록 빌려준 땅. 주로 개항장이었으며 외국인이 자유롭게 거주하며 상업 활동을 하고 치외법권도 인정받은 곳)였어요. 인천 개항 이후에 이 조계지에 외국인들이 공원을 만들고 '만국공원', '각국공원'이라 불렀는데 지금은 그 장소를 정확하게 알 수 없다고 해요.

두 번째는 독립공원이라는 주장이에요. 1896년에 독립협회에서 독립문을 만들면서 그 주변을 공원으로 조성했어요. 우리나라 역사에서 매우 의미가 있는 곳이지만 지금은 남아 있지 않고 위치도 정확하지 않아요. 서울 서대문구에 있는 지금의 독립문공원과는 다른 곳이라고 해요.

세 번째는 탑골공원이 최초의 공원이라는 주장이에요. 1897년에 고종이 대한제국을 선포하고 선진 문물을 받아들여 많은 사업을 추진했는데, 그중 도시개조사업으로 광장이 필요하다고 생각해 경운궁 일대(시청 광장)와 광화문 근처(광화문 광장), 원각사탑 근처(탑골공원) 3곳에 광장을 조성했어요. 이 가운데 탑골공원은 원각사 터를 중심으로 왕실의 정원 공간을 조성했고, 그 시절의 젊은이들이 모이는 도시 여가 문화 공간이 되었어요.

이후 1908년 남산공원, 1919년 장충단공원, 1924년 효창공원 등이 조성되었어요. 이때는 일제강점기라서 민주 사회의 장이나 공공시설이 목적이 아니라 상징적 의미가 담긴 곳, 정치적 의미가 있는 곳을 공원으로 꾸몄어요. 1970~1980년에는 전문 설계가가 참여한 전문

조경이 도입되었는데, 주로 역사적 사건을 기념하는 공원이 들어섰어요. 도산 안창호 선생의 정신을 기리는 도산공원, 천주교인 100여 명이 처형되어 천주교 성지가 된 서소문공원 등이 만들어졌고, 동양 최대의 어린이 놀이 시설인 어린이대공원도 개장했어요.

1980~1990년대엔 대규모 국가 행사가 열리면서 정부의 적극적인 지원 아래 많은 기념공원이 만들어졌어요. 아시아공원은 1986년 아시안게임을 열 때 선수촌과 기자촌 아파트를 지으면서 조성했고, 올림픽공원은 1988년 서울올림픽을 열면서 초대형 도시공원으로 꾸몄어요. 1990~2000년대에는 지방자치제도가 시작되면서 더욱 개성 있는 공원들이 등장했어요.

서울시 마포구에 있는 월드컵공원은 거대한 쓰레기 매립지를 푸른 공원으로 가꿨어요. 원래 이곳에는 난초와 지초를 아우른다는 뜻을 가진 난지도라는 작고 예쁜 섬이 있었는데, 1978년 폐기물 처리시설로 결정되면서 아름다운 섬이 쓰레기 속으로 사라지고 말았어요. 1978년부터 1993년까지 15년간 배출한 쓰레기가 100미터 높이에 가까운 쓰레기 산을 이루었어요. 여의도와 비슷한 약 272만 제곱미터 넓이에 9,200만 톤이나 되는 거대한 쓰레기 더미 두 개가 솟아올랐어요.

이곳에 흙을 두텁게 덮고 땅을 다지고 다양한 종류의 나무와 억새 등을 심고 시민들이 이용할 수 있는 너른 광장과 호수, 숲길 등을 만들었어요. 쓰레기 산 두 곳은 지금 하늘공원과 노을공원이 되었고, 그 주변 일대는 평화의 공원과 난지천공원, 난지한강공원까지 5개 테마로 나눠 조성됐어요. 나무들이 자라고 공원이 무성해지자 보호종인 황조롱이와 말똥가리, 솔부엉이 같은 새가 날아오고, 두꺼비와 맹꽁이, 족제비 같은 야생동물도 살게 되었어요. 이곳에서 계절마다 다양한 행사를 열고 사람들은 산책이나 소풍을 즐기기도 해요.

우리나라에서는 처음으로 생태공원이라는 이름을 단 길동생태공원도 등장했어요. 이곳은 본래 있던 산과 습지 등의 지형과 나무와 풀을 그대로 살리고 사람들이 이용할 수 있는 길과 안내판, 시설물이 조심스럽게 들어서는 방식으로 공원을 꾸몄어요. 인공 시설도 최대한 적게 만들고 이곳에 살던 나무, 새, 곤충 들의 보금자리를 보존했어요. 공원을 꾸미는 과정은 시민단체와 시민들이 주도했고, 조성된 뒤에도 생물조사와 모니터링, 공원 관리 등을 시민들이 참여하여 꼼꼼하게 기록하고 있어요.

이 외에도 한강 한가운데 떠 있는 선유도공원은 예전에 한강정수장 시설이 있던 곳인데, 정수 시설을 폐쇄한 후 그 시설을 그대로 되살려 매우 독특한 수생공원으로 꾸몄어요. 서울숲공원은 한때 골프장과 경마장이었던 곳을 시민들이 참여해 꾸미는 방식으로 공원을 가꿨어요.

▲ 우리나라 최초의 공원으로 추정되는 탑골공원.
— 월드컵공원의 시원한 그늘에서 시민들이 쉬고 있다.
▼ 거대한 쓰레기가 쌓였던 곳이 이제는 억새와 나무가 자라는 푸른 월드컵공원이 되었다.

공원이 주는 혜택을 즐겨라!

복잡한 도시에서 넓고 푸른 공원은 맑은 공기를 마시며 자연을 즐길 수 있는 숨통과 같아요. 나무와 풀이 자라고 꽃이 피고, 새들이 날아드는 공원이 있어 사계절을 느낄 수 있고, 삶의 여유도 찾을 수 있어요. 여름날에는 시원한 바람길이 되어주고, 도시 사람들이 잊고 있던 생태 감수성을 키워주기도 해요. 숲은 야생동물과 식물의 보금자리가 되고, 산과 이어진 공원은 동식물이 오가는 생태축 역할도 해요. 또 미세먼지와 소음을 줄여주는 매우 중요한 역할도 해요.

촘촘하게 자란 나뭇가지와 나무줄기는 미세먼지를 차단하는 역할을 하고, 나뭇잎은 미세먼지를 흡착하는 일을 해요. 초미세먼지는 나뭇잎의 기공을 통해 흡수되는데, 미세하고 복잡한 표면을 가진 나뭇잎이 미세먼지를 흡착하여 기공으로 흡수해요. 또 숲 내부는 도심보다 기온이 낮고 습도는 높아서 미세먼지를 바닥으로 떨어뜨려서 미세먼지 농도를 낮추는 효과가 있어요. 나무는 미세먼지를 평균 25.6퍼센트나 저감시키고 초미세먼지는 40.9퍼센트를 저감시키는 효과가 있다고 해요. 이때 여러 종류의 나무가 섞여 자라는 혼효림(混淆林)이 가장 효과가 높고 활엽수림, 침엽수림, 관목림, 초지 순으로 미세먼지를 낮춰준다고 해요.

한여름이라도 도시숲에 들어서면 시원하고 서늘해요. 숲은 여름 한낮 평균 기온을 3~7도가량 낮춰주고, 습도는 9~23퍼센트가량을 높이면서 열대야와 도시 열섬현상 같은 더운 열기를 식혀줘요. 또 도로에 침엽수를 심으면 자동차 소음의 75퍼센트, 트럭 소음의 80퍼센트를 감소시킨다고 해요. 도시숲은 헥타르당 연간 이산화탄소 2톤가량을 흡수하고, 산소 1.5톤을 방출해서 공기를 맑게 만들어요.

무엇보다도 도시숲은 사람들에게 심리적인 안정감을 갖게 해요. 숲이 가까이에 있으면 마음이 편안해지면서 폭력성도 줄어든다고 해요. 공원에서 자전거와 마라톤 같은 운동을 즐길 수도 있고, 신나는 공연과 행사도 열고 캠핑도 즐길 수 있어요. 집에서 걸어서 10분 거리에 공원과 도서관이 있으면 삶이 쾌적하고 풍요로워져요. 그래서 도시가 팽창할수록 초록의 공원은 도시 사람들에게 더욱 소중해요.

**지구
일보**

복잡한 도심 한가운데에 자리 잡고 있는 A공장은 30년 동안 물건을 생산했다. 이 공장이 지방으로 이전하면서 20만 제곱미터나 되는 넓은 공간이 생겼다. A공장의 사장은 이곳에서 오랫동안 공장을 운영하면서 공장을 키웠고, 많은 직원들이 이 공장에서 일하면서 가족들과 생활할 수 있어서 참 고마웠다고 말했

▶ 공원으로 꾸밀까, 아파트를 지을까?

다. 그러나 공장을 운영하면서 여러 오염물질을 내뿜고 거대한 트럭들이 드나들면서 매연을 배출하고 교통 정체도 자주 일으켜서 주변에 사는 시민들에게 미안한 마음도 컸다고 말했다.

고맙고도 미안한 마음을 담아 공장이 이전한 뒤 이 땅을 B시청에 기부하기로 결정했다. B시청에서는 이곳을 어떻게 이용할지를 두고 여러 차례 논의하다가 시민들에게 공개적으로 의견을 묻기로 결정했다. 시민들은 인터넷에 다양한 의견을 내놓고, 설명회에 참석하여 직접 의견을 제안하는 등 적극 참여했다. 시민들의 관심이 점점 높아지는 가운데 의견은 대체로 두 가지로 좁혀졌다.

첫 번째 의견은 많은 시민들이 이용할 수 있게 공원으로 꾸미자는 의견이다. 누구나 쉬어 갈 수 있는 초록 공간으로 꾸미면 보다 많은 사람들이 혜택을 누릴 수 있다는 것이다. 복잡한 도심에 공원이 생기면 자연 생태계가 되살아날 뿐 아니라 공기가 맑고 경관도 아름다워 주변 사람들의 삶이 더욱 쾌적해진다고 주장했다.

숲이 생기면 바람길이 생겨서 도시 열기도 식혀주고, 도로 주변의 소음과 미세먼지를 낮추는 효과도 높으니 일석이조라고 주장했다. 시민들이 직접 참여하여 개성 있게 가꾸면 전국에서도 보기 드문 좋은 공원이 될 것이라고 목소리를 높였다.

두 번째는 대규모 아파트를 세워서 형편이 넉넉지 않은 서민들이 살 수 있게 하자는 의견이다. A공장 주변 지역은 낡은 주택

들이 다닥다닥 밀집되어 있지만 주거공간이 너무 부족해서 대부분의 사람들이 높은 임대료를 지불하면서도 열악한 환경에서 살 수밖에 없다고 한다.

깨끗하고 안전한 서민 아파트를 지으면 더욱 많은 사람들이 쾌적한 곳에서 살 수 있고, 이곳의 가치도 훨씬 높아질 것이라고 강조했다. 또 아파트가 들어서면 상가가 들어서고 도로도 정비되어 주변의 다른 주택가도 함께 혜택을 볼 수 있을 거라고도 했다. 당장 살 곳이 없거나 열악한 환경에서 사는 사람들은 집이 중요하지 공원은 그다음 문제라고 목소리를 높였다.

이곳을 어떻게 개발할 것인가를 두고 시민들의 의견은 점점 더 팽팽하게 맞섰다. B시청의 고민은 깊어졌다. 과연 보다 많은 시민들을 위해 공원을 만드는 것이 좋을까? 아니면 아파트를 짓는 것이 좋을까?

토론해보아요

1. 위의 글을 읽고 자신의 의견을 말해보세요. 만약 내가 이 문제의 결정권을 가진 B시청의 시장이라면 어떤 결정을 내릴지 자신의 생각을 말해보세요.

_____

_____

2. 도시에서 공원이 어떤 역할을 하는지 국내와 해외 사례를 조사하여 발표해보세요.

_____

_____

6

멸종, 인간에게 보내는 경고

야생동물

꿀벌에게 벌어진 일

와아, 꽃이 한 아름 피어 있어요. 한두 송이만 피어도 자꾸 고개를 돌려 바라보게 되는데 꽃 무더기가 활짝 핀 걸 보니 도저히 그냥 지나칠 수가 없네요. 카메라를 접사 모드로 맞추고 꽃 사진을 선명하게 찍어볼까요? 엇, 가만히 보니 꿀벌들이 꽃잎 사이를 분주하게 날아다니고 있어요. 아하, 꽃잎 속에 있는 꿀샘에서 꿀과 꽃가루를 얻으려고 하는 모양이에요.

꿀벌이 온몸에 꽃가루를 묻힌 채 여기저기 꽃 사이를 날아다니면서 꽃가루받이(꽃의 수술에서 만들어진 꽃가루가 암술머리에 옮겨 붙는 것, 수분이라고 함)를 해야 나무가 가을에 무사히 열매를 맺을 수 있지요. 꿀벌은 식물에서 꿀과 꽃가루를 얻으려고 부지런히 꽃잎을 날아다니는데, 이렇게 꽃가루받이를 하여 식물이 열매를 맺어서 번식할 수 있게 도와주는 매우 중요한 일을 해요. 식물에게 꿀벌은 없어서는 안 될 소중한 존재이고, 그래서 먹이사슬의 중심에 있다고 할 수 있어요.

봄이 오면 배나무가 있는 과수원은 일손이 부족하기 마련인데 몇 년 전부터 일이 한 가지 더 늘었다고 해요. 배나무에 꽃이 피면 꿀벌들이 날아와 꽃가루받이를 해줘야 해요. 그런데 최근 꿀벌이 줄어들어 거의 찾아오질 않아서 사람이 일일이 꽃잎마다 붓질을 해서 꽃가루받이를 해줘야 해요. 일꾼들이 사다리 위에 서서 몸의 중심을 잡고 나뭇가지마다 피어 있는 수많은 꽃잎에 하나하나 붓질을 하는 건 매우 고된 일이에요. 그러잖아도 봄이 오면 과수원은 눈코 뜰 새 없이 바쁜데, 꿀벌의 수가 점점 줄어들자 아주 곤란해졌어요.

2005년 미국에선 더욱 심각한 상황이 벌어졌습니다. 먹이를 구하러 나갔던 일벌들이 모두 사라져서 벌통에 남아 있던 여왕벌과 애벌레들이 떼죽음을 당하고 말았어요. 이것을 '군집 붕괴 현상CCD, Colony Collapse Disorder'이라고 하는데, 이런 일이 계속 이어지자 2005년에만 꿀벌의 30퍼센트가 사라졌고 해마다 이 같은 현상이 늘어나고 있어요. 유엔환경계획UNEP은 꿀벌이 줄어들면 생태계가 교란될 뿐 아니라 식량 안보에도 심각한 문제가 생길 것이라고 경고했어요. 유엔식량농업기구FAO에 따르면 주요 농작물 100여 종 가운데 70퍼센트가 꿀벌의 도움을 받고 있다고 해요. 꿀벌이 사라지면 사과, 배, 딸기, 고추,

곡류, 커피, 아몬드 등 다양한 농작물이 멸종되고, 목화도 꿀벌이 없으면 수분을 하지 못하기 때문에 목화솜으로 생산하는 면 섬유와 티셔츠, 면바지도 생산이 중단될 거예요. 이렇게 주요 농작물이 멸종되면 사람들도 다양한 식물을 먹지 못해서 영양 불균형이 생기고, 이런 증상이 더욱 심해지면 사람마저도 멸종될 수 있다고 해요. 나비효과를 닮은 심각한 꿀벌효과가 생기는 셈이지요.

자연 생태계에서 생물종이 사라지는 이유는 지구의 날씨가 예측

사진 | 조수정

야생동물

불가능하게 바뀌는 기후변화와 무분별한 도시화로 인한 서식지 파괴, 매연과 미세먼지 등으로 생기는 대기오염 등 다양한 원인들이 있습니다. 꿀벌도 이런 영향을 직접 받고 있는데 여기에 또 다른 이유가 더 있어요. 우리가 늘 사용하는 핸드폰의 전자파가 꿀벌이 벌집으로 돌아오지 못하게 꿀벌의 진로를 방해한다고 해요. 또 네오니코티노이드계 성분의 살충제는 포유류를 비롯한 특정 식물에는 영향이 없지만 꿀벌의 신경계에는 이상을 일으키고 있어요.

사진 | 조수정

▲ 꿀벌이 꽃가루받이를 해야 식물이 열매를 맺을 수 있지만 최근에는 이 꿀벌들이 점점 줄어들고 있다.

꿀벌이 사라지면 꽃가루받이가 필요한 식물들이 가장 먼저 큰 피해를 입고, 그 식물을 먹이로 하는 곤충과 동물, 그리고 사람도 피해를 입게 될 거예요. 지구에 사는 자연 생태계의 모든 구성원들은 각자 자신의 자리에서 생태계의 한몫을 담당하면서 건강한 지구를 만들어 가고 있어요. 꿀벌 한 종이 사라지는 건 그들만의 문제가 아니라 연쇄 작용을 일으켜서 생태계 전체에 큰 영향을 미치고 있어요. 꿀벌의 멸종은 바로 인간에게 보내는 심각한 경고예요.

호랑이는 왜 멸종되었을까?

　사라지고 있는 것은 꿀벌만이 아닙니다. 옛날 우리나라 숲에는 다양한 짐승들이 살고 있었어요. 그중에는 숲의 왕이자, 숲 생태계의 최고 봉우리를 차지했던 호랑이도 살았어요. 아프리카 사바나의 제왕이 멋진 갈기를 휘날리는 사자라면 우리나라 숲의 왕은 바로 뚜렷한 줄무늬를 자랑하는 호랑이였어요. 호랑이가 높은 벼랑바위에서 포효하면 온 산천이 울리고 산짐승과 날짐승 모두가 후들후들 떨 만큼 그 기세가 대단했어요. 인왕산 호랑이, 치악산 호랑이, 지리산 호랑이 등 전국 곳곳의 마을 전설에는 어김없이 호랑이가 등장하고, 조선시대 민화에도 용맹하거나 때로는 익살스러운 호랑이 그림이 남아 있어요.

　지명에도 호랑이가 등장해요. 경북 청송군에 있는 주왕산에는 호랑이가 짐승을 잡아먹고 남긴 뼈다귀가 계곡 바위 위에 널려 있었다는 뼈바위와 뼈바위골이 있어요. 뼈바위골 입구에 있는 바위 웅덩이에는 범(호랑이와 표범을 함께 이르는 말)이 목욕을 했다는 범소도 있어요. 강원도 횡성군 갑천면에 있는 저고리골은 호랑이가 사람을 잡아먹고 저고리만 남겨놓았다 하여 붙여진 이름이에요. 호랑이가 앉았던 바위 또는 호랑이의 모양을 닮은 바위라는 뜻을 가진 범바위는 전국에 23곳이나 있어요. 이 밖에도 호암, 호동, 범골, 복호 등 호랑이와 연관된 지명은 전국 곳곳에 많이 있어요.

호랑이는 전 세계에서 9개 아종(亞種, 종[種]으로 독립할 만큼 차이가 크진 않지만 변종으로 하기에는 다른 점이 많은 한 무리의 생물)이 있어요. 호랑이는 멸종된 아종이 많고, 생존하고 있는 개체 수도 많지 않아 전 세계 모든 호랑이가 멸종 위기종으로 보호받고 있어요. 인도 벵골 호랑이, 인도차이나 호랑이, 말레이 호랑이, 수마트라 호랑이, 자바섬의 자바 호랑이(멸종), 발리섬의 발리 호랑이(멸종), 카스피해 연안과 아랄해 주변에 살았던 카스피 호랑이(멸종), 남중국 호랑이(멸종), 러시아 연해주와 만주지방·우리나라를 중심으로 살고 있는 아무르 호랑이가 있어요.

이 중 우리나라에 살았던 호랑이는 호랑이 종류 중에서 덩치가 가장 크고 한겨울이면 멋있는 털을 자랑하는 아무르 호랑이예요. 아무르 호랑이는 호랑이 중에서 가장 북쪽 지방에 살고 있어요. 시베리아

▲ 우리나라 숲에는 검은색 줄무늬가 뚜렷하고 덩치가 큰 호랑이가 살았다.

호랑이, 백두산 호랑이, 아무르 호랑이, 동북호와 같이 지역마다 다른 이름으로 부르지만 모두 같은 종이에요.

이 아무르 호랑이는 러시아 연해주와 하바롭스크 지역, 중국 지린성과 헤이룽장성 지역에 400~500마리가 살고 있지만 남한에선 그만 멸종되고 말았습니다. 1922년 경주에서 수컷 호랑이가 마지막으로 사진에 찍혔고, 1924년 횡성에서 암컷 호랑이가 잡혔다는 것이 마지막 기록으로 남아 있어요. 그 후에도 깊은 숲속에서 호랑이를 봤다는 이야기는 간혹 있었지만 사진이나 신문기사 같은 기록으로 남아 있지는 않아요. 정부에서 공식 발표를 하진 않았지만 야생동물 전문가들은 남한에선 호랑이가 이미 오래전 멸종된 것으로 보고 있습니다.

누런색 바탕에 검은색 줄무늬가 뚜렷한 멋진 호피(호랑이 가죽)를 얻기 위해서, 그리고 호랑이 뼈가 건강에 좋다는 속설 때문에 호랑이는 밀렵의 표적이 되었어요. 호랑이를 포획하는 일은 오래전부터 시작되었어요. 조선시대 초기 백성들이 식량을 생산하기 위해 숲을 일구어 농지를 개간하자 서식지를 침범당해 위기를 느낀 호랑이와 표범이 공격하여 목숨을 잃거나 다친 사람들이 늘고 재산 피해도 잦아졌어요. 논밭에서 일하는 소나 사람이 호랑이에 물려 죽는 것을 호환(虎患)이라 했어요. 그러자 조선 왕실에서는 호랑이와 표범을 사냥하는 전문 군사인 착호갑사(捉虎甲士, 범을 잡는 갑사)를 양성하여 운영했어요. 조선 태종 때 기록에 처음 등장한 착호갑사는 성종 때는 440명으로 늘었고, 왕을 호위하는 금군들도 한양 도성에 나타난 호랑이 사냥에 앞장섰어요. 중앙뿐 아니라 지방에도 호랑이 사냥을 전담하는 조직을 운영했는데, '범을 잡는 사람'이라는 뜻을 가진 착호인(捉虎人)을 뽑아 지방 군현에 배치했어요.

이후에도 호랑이 사냥을 위한 조직은 더욱 체계적으로 조직되어 조선이 건국된 지 200여 년이 지난 1633년까지 호랑이와 표범을 해마다 무려 1,000여 마리나 포획하여 왕실에 바쳤다고 해요. 이 자료를 보면 당시 우리나라에 사는 호랑이와 표범의 개체 수가 매우 많았다는 것을 알 수 있어요. 우리나라 사람들은 호랑이와 표범을 합쳐서 '범'이라고 불렀어요.

세월이 흘러도 범 포획은 계속되었는데 일제강점기 때 절정을 이루면서 이들의 개체 수가 급격히 줄어들었어요. 일제강점기 조선총독부는 '사람과 재산에 위해를 끼치는 해수(害獸)를 몰아내어 없앤다'는 명분을 내세워 전국의 사냥꾼을 동원했어요. 한반도에 살고 있는 호랑이와 표범을 비롯한 곰, 늑대, 스라소니 같은 대형 포식동물을 마구잡이로 잡아들였어요. 지금까지 남아 있는 근대 통계자료인 조선총독부 통계연보를 보면 1915년에서 1942년까지 잡아들인 호랑이는 97마리라고 기록하고 있어요. 1915~1916년 24마리(연평균 12마리), 1919~1924년 65마리(연평균 10.8마리), 1933~1942년 8마리(연평균 0.8마리)를 포획했다고 해요. 이 자료를 분석해보면 시간이 갈수록 호랑이 포획 수가 줄어들고 있는데, 이때 포획을 금지하고 자연 상태에서 그냥 내버려 두어도 호랑이는 절멸(絶滅, 생존해 있던 종의 개체가 더 이상 확인되지 않는 것)했을 거예요. 이미 너무 많이 잡아버려서 호랑이들이 스스로 짝짓기를 하고 새끼를 낳아 기르기가 매우 힘들었을 테니까요. 물론 이것은 공식 기록일 뿐이고 기록되지 않은 개체 수까지 합치면 더 많은 수를 잡아들였을 거예요.

한반도 야생동물의 멸종사

표범은 아름다운 매화 무늬가 있는 모피 때문에 멸종되고 말았습니다. 호랑이의 가죽은 두껍고 거칠어 깔개나 덮개, 장식용으로 걸어 두는 정도로 사용할 뿐 실제 쓸모는 적었지만, 표범의 가죽은 무늬가 아름답고 부드러워 시장에서 인기가 높았어요. 19세기 중반부터 20세기 중반까지 세계 모피 시장에서는 표범 가죽 코트가 유행하면서 가죽 가격이 엄청나게 올랐어요. 1925년에는 우리나라 표범의 가죽 한 장으로 쌀 10가마를 살 수 있었다고 해요. 이렇게 밀렵의 표적이 되어 점점 줄어든 우리나라 표범은 1970년 마산 여항산에서 사살된 것이 가장 마지막 기록이 되고 말았어요.

멸종된 것은 이들뿐만이 아니에요. 사향노루는 독특한 향이 나는 사향 때문에 멸종되고 말았어요. 사향노루 수컷에게 있는 사향주머니를 지니고 있으면 남성들에게 인기가 있다고 하여 여성들이 거금을 주고 사향주머니를 구하려고 했어요. 사향노루 몸무게는 15킬로그램가량인데 이 중 사향의 무게는 약 28그램에 지나지 않아요. 이 작은 사향 때문에 사향노루가 쓰러져 갔어요.

꽃사슴은 보양제로 가장 널리 쓰는 녹용(鹿茸, 사슴의 새로 돋은 뿔)과 녹혈(鹿血, 사슴의 피) 때문에 멸종되었고, 반달가슴곰은 곰쓸개인 웅담이 건강에 좋다는 속설 때문에 쓰러져 갔고, 여우는 여우의 털로 목도리와 코트를 만들기 위해 마구잡이로 잡았어요. 여우는 열대우림과 북극, 남극을 제외한 전 세계 곳곳에 널리 살고 있는 흔한 종이고 적응력이 강한 동물이지만 유일하게 남한에서는 멸종되고 말았어요.

야생동물 전문가의 말에 따르면, 야생동물의 서식지 주변에 밀렵도구를 촘촘히 놓아서 마치 핀셋으로 뽑아내듯이 하나하나 포획하는 바람에 용맹하고 영리한 동물마저도 힘없이 쓰러졌다고 해요. 대개 사람의 몸에 좋은 성분을 가지고 있거나 털이나 가죽, 뼈 등을 판매하여 돈을 벌 수 있는 경제성이 있는 동물이라면 어김없이 멸종되고 말았어요. 지금 남한에 비교적 개체 수가 많은 야생동물은 이렇다 할 경제성이 없는 짐승들이라고 할 수 있어요. 멧돼지와 너구리, 고라니 등이 바로 그런 경우예요. 물론 경제성이 없다는 것은 사람 중심의 관점일 뿐, 이들이 자연 생태계에서도 가치가 없다는 뜻은 아니에요. 모든

사진 | 김봉겸

▲ 제주 노루.
◀ 고라니.
▶ 너구리.

생명은 자연 생태계에서 저마다 역할이 있고, 소중한 몫을 담당하고 있으니까요.

한반도에서 발견되고 기록된 포유류 야생동물의 수는 모두 121종이에요. 이 중 호랑이와 표범, 늑대, 승냥이, 여우, 산달, 꽃사슴 이렇게 7종은 남한에서 멸종되어 동물원이 아닌 자연 상태의 숲에서는 더이상 살지 않아요. 고래와 바다사자, 물개, 물범 등 바다에 사는 해양동물 42종, 북한에선 살지만 남한에선 발견된 적 없는 스라소니와 불곰, 백두산사슴, 생토끼, 검은담비 등 11종, 동굴 같은 특수한 곳에서 사는 박쥐목 21종, 크기가 작아서 쥐 트랩 같은 도구를 이용하지 않고는 좀처럼 발견하기 어려운 고슴도칫과, 땃쥣과, 두더짓과에 속하는 동물 9종, 그리고 쥐를 포함한 설치류 9종은 야생동물 전문가이거나 특수한 장비를 이용해야만 관찰할 수 있을 뿐 일반인들이 발견하는 건 매우 어려워요.

이들을 제외하면 숲이나 들판에서 우리가 관찰할 수 있는 육상종은 겨우 22종에 지나지 않습니다. 이들은 바로 반달가슴곰과 산양, 노루, 고라니, 사향노루, 삵, 수달, 너구리, 오소리, 담비, 멧돼지, 멧토끼, 다람쥐, 하늘다람쥐, 청설모, 족제비, 쇠족제비, 집쥐, 생쥐, 멧밭쥐, 고슴도치, 뉴트리아(외래종)예요. 이들도 서식지 근처에서 오랜 시간 기다려야 간혹 볼 수 있을 뿐 언제라도 쉽게 만날 수 있는 것은 아니에요.

야생동물

야생동물이 숲에서 하는 일

　호랑이와 표범, 늑대 같은 맹수가 사라지자 우리나라 숲에는 점차
변화가 생겼습니다. 우선 숲에 대한 두려움이 사라졌어요. 호랑이와
표범이 살았던 시절에는 숲에 혼자 들어가거나 함부로 헤집고 다니
기가 쉽지 않았어요. 옛이야기에는 큰 고개를 넘어가다가 호랑이에게
공격당하거나 잡혀 먹었다는 사람들의 얘기가 종종 등장했어요. 옛사
람들은 고향 마을에서 다른 마을로 가려면 꼭 넘어야 할 높은 고갯마
루를 넘기 전에 서낭당이나 고목을 향해 무사 안녕을 기원했어요. 그
러나 이제는 사람을 공격할 수 있는 대형 포유류가 모두 사라져서 숲
이 매우 안전해졌어요. 물론 멧돼지나 뱀, 말벌, 진드기 등 숲에서 조
심해야 할 동물들은 여전히 있지만 공격성이 매우 강한 대형 맹수인

호랑이와 표범을 맞닥뜨렸을 때의 공포와는 비교할 수 없어요.

　모든 생명에게 안전은 매우 중요하지만 숲이 안전한 것이 좋은 것만은 아니에요. 숲을 바라보는 사람들의 경외심(敬畏心, 공경하고 두려워하는 마음)마저 사라져버렸으니까요. 숲에 깃들어 살았던 옛사람들은 숲을 매우 신령스러운 곳으로 여겼지만 요즘 사람들은 여가 생활을 즐기는 곳, 취미 생활을 하는 곳, 극기 훈련을 하는 곳 정도로 생각해요. 유명한 산봉우리를 몇 시간 안에 오르는지 경쟁하고, 산 정상에 올라 고함을 지르고 썩지 않는 쓰레기를 함부로 버리기도 해요. 숲 가까이에는 숙박시설과 식당, 주차장이 들어서고 도로가 연결되고, 스키장과 골프장이 들어서는 등 다양한 개발 사업을 벌이면서 울창했던 숲이 점점 사라지고 있어요.

　맹수가 사라진 숲의 또 다른 변화는 멧돼지와 고라니 같은 동물의 수가 늘었다는 점이에요. 자연 생태계의 최고 포식자인 호랑이와 표범이 살던 숲에서는 야생동물 사이에 먹고 먹히는 먹이그물이 형성되어 야생동물의 개체 수를 자연스럽게 조절했어요. 하지만 상위 포식자가 사라지자 그 아래 단계에 속하는 동물들의 수가 급격히 늘어났어요. 멧돼지의 수가 늘어나자 먹이와 영역 다툼에서 밀려난 개체들이 먹이를 구하지 못하고, 결국 도시나 마을까지 내려와 고구마와 옥수수 같은 농작물을 망치고 사람들을 혼비백산하게 만들었어요.

　가끔 뉴스에 등장하는 이런 멧돼지는 사람을 공격하고 다치게 하는 바람에 빨리 잡아서 없애야 할 괴물이나 괴수처럼 표현되기도 해요. 그러나 멧돼지는 자연 생태계에서 그들만의 역할을 담당하고 있어요. 멧돼지는 길고 뻣뻣한 털 속에 보드라운 털이 있는 이중 털을 가지고 있어요. 멧돼지가 먹이를 구하려고 숲을 열심히 헤집고 뒹굴다 보면 털 속에 다양한 식물의 열매와 씨앗이 끼어요.

이렇게 겨울 내내 멧돼지의 털 속에 숨어 있던 열매와 씨앗은 봄이 되어 뻣뻣한 겨울털이 빠지고 여름털이 날 때 자연스럽게 바닥에

▼ 위험한 동물로 알려진 멧돼지는 종자 산포 역할, 밭갈이 역할
  등 자연 생태계에서 중요한 일을 담당하고 있다.

떨어져 싹이 터요. 나무는 한자리에 뿌리를 내려 움직일 수 없지만 멧돼지 덕분에 숲 이곳저곳에 자손을 퍼트릴 수 있어요. 멧돼지 한 마리의 털에서 씨앗이 무려 300~400개가 나오기도 해요. 이것을 '종자 산포 역할'이라고 해요.

멧돼지는 긴 주둥이로 흙을 열심히 파서 고구마와 돼지감자, 도라지, 잔대 같은 식물의 뿌리나 지렁이, 도토리 등을 먹는 습관이 있어요. 이때 땅을 열심히 뒤집어서 기름지게 하고 땅에 떨어진 씨앗을 흩어주는 밭갈이 역할도 하고, 똥을 푸짐하게 싸서 땅에 거름도 주고 있어요. 또 멧돼지는 축축한 물기가 있는 작은 웅덩이나 습지에서 신나게 뒹구는 진흙탕 목욕을 즐겨요. 진흙 목욕을 하면서 체온조절을 하고 부상을 치료하고, 몸에 붙어 있는 진드기 같은 기생충을 제거하려는 거예요. 멧돼지가 실컷 뒹굴면서 헤집어놓은 웅덩이에는 시간이 지나 물이 맑아지면 산개구리와 도롱뇽이 찾아와 알을 낳고 산새들이 목욕을 해요. 이렇게 자연 생태계는 서로 도움을 주고받으며 살아요.

반달가슴곰은 큰 나무에 올라앉아 열매를 실컷 따 먹고 내려와 숲 이곳저곳을 돌아다니면서 똥을 푸짐하게 싸요. 이렇게 반달가슴곰의 몸을 통과한 뒤 똥 속에 섞여 나온 산벚나무 씨앗은 땅에 떨어진 보통 씨앗보다 더 튼튼한 싹이 터요. 산양도 헛개나무 열매를 실컷 먹고 똥을 싸는데, 이 똥 속에서 나온 헛개나무 씨앗은 보통 씨앗보다 더 튼튼한 싹이 터요. 이 헛개나무 씨앗은 맨땅에 떨어진 씨앗보다 40배나

▲ 반달가슴곰.
◀ 다람쥐.
▶ 산양의 똥.

넘게 발아율이 높아진다고 해요. 이렇게 반달가슴곰과 산양도 멧돼지처럼 한자리에 서서 움직이지 못하는 나무의 열매를 숲속 여기저기에 퍼트려주면서 숲을 가꾸는 역할을 해요.

다람쥐는 가을이 오면 도토리와 밤 같은 열매를 열심히 모아서 땅굴에 숨겨놓아요. 겨울잠을 자는 다람쥐는 먹이가 부족할 때를 대비해서 여러 곳에 먹이 창고를 만드는데, 다음 해 봄이 오면 깜빡하고 숨겨놓은 곳을 잊어버리기도 해요. 그럼 땅속에 있던 도토리와 밤 같은 열매는 그 자리에서 싹이 터요. 다람쥐 덕분에 나무 열매는 어미 나무 곁을 떠나 멀리 이동하여 자라게 되는 것이죠. 움직이지 못하는 나무는 자손을 숲 곳곳에 퍼트려서 좋고, 열매가 곳곳에서 싹을 틔우면 숲은 더욱 푸르러져요. 이렇게 야생동물은 자연 생태계에서 저마다 중요한 역할을 담당하며 숲에 사는 나무와 공생하고 있어요.

생물종 다양성의 중요성

　야생동물은 인간이 만들어낸 지구를 살리는 발명품은 아니지만 지구를 살리는 매우 중요한 임무를 담당하고 있어요. 야생동물은 본능적으로 사람을 경계하는 습성이 있어서 숲에 들어가도 이들을 만나기는 어려워요. 발자국이나 똥, 털, 뿔질(뿔로 나무껍질을 비벼서 벗겨 놓은 영역 표시) 같은 야생동물의 흔적을 통해서 이들이 숲에 살고 있다는 것을 알 수 있어요. 이런 야생동물이 곳곳에 살고 있어서 숲은 더욱 무성해지고 생기가 넘쳐요. 이들이 다 사라지고 나무만 서 있는 쓸쓸한 숲은 진정한 생명의 숲이라고 할 수 없어요.

　호랑이나 표범 같은 대형 포유류가 숲에서 살려면 이들의 먹이인 멧돼지와 노루, 고라니, 토끼 같은 작은 동물의 수가 많아야 해요. 그리고 작은 동물이 살려면 보드라운 풀과 달콤한 나무 열매, 영양가 있는 벌레와 곤충들이 무럭무럭 자라서 이들의 먹이가 되고 안전한 보금자리가 되어야 해요.

식물은 동물의 먹이, 몸을 안전하게 숨길 은신처가 되어주고, 동물은 식물의 열매를 먹고 숲 곳곳에 똥을 눠서 식물의 자손이 넓게 퍼질 수 있게 도와줘요. 이들의 똥은 식물의 거름이 되기도 해요. 큰 동물이 죽으면 작은 동물과 새들이 나눠 먹고, 나머지는 곤충과 미생물이 분해하여 흙으로 돌아가게 만들어요. 흙에서 영양분을 얻은 식물은 다시 무성하게 자라요.

이렇게 동물과 식물은 서로 도우면서 살아요. 동물과 식물이 잘 어울려 사는 곳은 흙이 건강하고 공기가 맑고 물이 깨끗하여 사람이 살기에도 좋은 곳이에요. 사람 역시 이런 자연 생태계의 질서 속에 살고 있는 한 종에 지나지 않아요. 이들 중 한 종이 사라지면 자연의 질서가 깨지면서 예상치 못한 문제가 발생하고, 사람에게도 큰 피해가 닥쳐요.

최근 들어 위기에 처한 야생동물을 살리기 위해 사람들은 다양한 노력을 하고 있습니다. 산 중턱에 고속도로가 뚫리면서 야생동물의 서식지가 양쪽으로 단절되는 일을 막기 위해 도로 아래나 위쪽에 야생동물 이동 통로를 만들고, 야생동물의 서식지를 알리는 안내 표지판도 곳곳에 세웠어요. 교통사고나 약물중독, 기생충 감염으로 다치

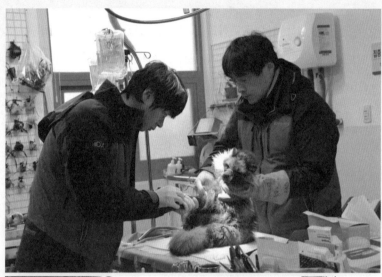

▲ 다치거나 병든 동물을 정성껏 치료하여 다시 자연으로 돌려보내는 야생동물구조센터.

▼ 자동차가 달리는 도로 위에는 야생동물이 오갈 수 있는 야생동물 이동 통로를 설치했다.

▶ 야생동물 서식지를 알려주는 안내 표지판.

거나 병든 야생동물을 구조하고 치료하는 전문병원인 야생동물구조
센터도 운영하고 있어요. 국립공원이나 습지보호지역 등 보호구역을
정해서 밀렵 도구를 수거하고, 출입금지구역을 정하여 야생동식물의
서식지를 보호하고 있어요. 천연기념물이나 멸종 위기종 같은 멸종
위기에 닥친 동식물을 보호종으로 정하여 이들을 함부로 밀렵하거나
다치게 하는 사람에게는 엄격한 벌을 가하기도 해요. 또 야생동물 보
호 및 관리에 관한 법률 같은 법을 만들고, 멸종 위기에 처한 동물을
해외에 수출·수입하는 것을 금지하는 '멸종 위기에 처한 야생동식물
의 국제거래에 관한 협약'을 맺기도 했어요. 지리산의 반달가슴곰과
월악산·속리산의 산양, 소백산의 여우, 황새, 따오기 등 멸종 위기에
처한 동물의 수를 적극 늘리는 야생동물 복원 사업도 열심히 하고 있
어요. 그리고 사람들이 야생동물을 더 잘 이해할 수 있도록 다양한 교
육도 하고 있어요.

인류세Anthropocene라는 말을 들어본 적 있나요? 지구가 형성된
후 현재까지 지질시대 가운데 약 1만 년 전부터 현대까지를 홀로세
Holocene(신생대 제4기)라고 해요. 이 홀로세 중에서 인류가 지구 환경
에 큰 영향을 미친 시점부터를 다른 지질시대인 인류세로 구분했어
요. 이 개념은 2001년 네덜란드 화학자인 파울 크뤼천Paul Crutzen이
처음 제안했는데, 공식적인 지질시대는 아니지만 국제층서위원회ICS
에서 검토 중이라고 해요.

인류세의 특징은 인간이 지구 환경에 미친 변화가 매우 크다는 점이에요. 기후변화와 각종 개발로 인한 생태계 파괴 같은 인간의 활동으로 생물종의 멸종이 가속화되었어요. 수렵 같은 직접적인 영향뿐 아니라 열대우림 개발로 숲이 줄어들면서 많은 생물종이 멸종되거나 멸종 위기에 놓였고, 무역이나 여행 등으로 특정 생물이 대륙을 이동하여 새로 정착한 곳에 큰 영향을 미치기도 했어요. 우리나라에도 뉴트리아와 배스, 블루길 같은 외래종이 토종 생물을 공격하는 일이 벌어지기도 했어요.

이렇게 인류세에 나타난 생물종의 대멸종을 막는 방법은 바로 공생이에요. 사람이 다양한 생물종과 이들의 서식지에 미치는 영향을 잘 이해하고 공생하는 방법을 지금보다 더욱 적극 찾아야 해요. 만약 그렇지 않으면 결국 우리도 멸종된 생물종의 길을 따라 걷게 될 테니까요. 지금 꿀벌과 야생동물이 인간에게 보내는 경고를 무겁게 받아들여야 해요.

농작물 수확기를 앞둔 여름밤이면 고라니가 산에서 내려와 한 해 농사를 망쳐놓고 있다. 고라니는 콩밭에서 새순을 모두 뜯어 먹어 콩 농사를 망쳤고, 도라지밭에 들어와서는 도라지 싹을 뜯어 먹고, 논에서는 수확을 두어 달 앞둔 벼 이삭을 먹어 치우기도 했다.

▶ 고라니를 보호해야 할까, 포획해야 할까?

농가에서는 밭에 울타리를 치고 지방자치단체마다 유해 야생동물 포획단을 동원하여 야생동물을 포획하고 있지만, 깊은 밤에 몰래 나타나 울타리를 가볍게 뛰어넘는 짐승을 막기엔 역부족이다. 고라니뿐 아니라 멧돼지도 옥수수와 고구마밭을 엉망으로 만들어 농민들의 한숨이 커지고 있다. 봄부터 땀 흘려 가꾼 농작물을 한순간에 먹어 치우고 밭을 엉망으로 만들어 큰 피해를 입은 농민들은 고라니를 지금보다 더 적극적으로 잡아들여야 한다고 목소리를 높이고 있다.

한편, 야생동물 전문가들은 고라니를 함부로 잡거나 유해 야생동물로 지정해서는 안 된다고 주장한다. 전 세계에서 한국과 중국에서만 살고 있는 고라니는 우리나라에 상대적으로 개체수가 많아 유해 야생동물이라 생각하지만 중국에서는 보호종으로 지정하고 있다.

고라니는 노루와 비슷하게 생겼지만 몸집이 작아 '보노루', '복작노루'라고 부르기도 한다. 중국에서는 어금니노루라는 뜻으로 '아장(牙獐)'이라고 하는데, 고라니의 가장 큰 특징인 입술 밖으로 길게 뻗어 나온 한 쌍의 송곳니 때문이다. 그래서 외국에서는 '흡혈귀 사슴'이라고 부르기도 한다. 영어권 국가에서는 고라니를 '워터 디어water deer', 즉 '물사슴'이라고 부른다.

고라니는 온대기후에 잘 적응하여 살아가는 종으로, 한반도에서는 매우 흔한 동물이다. 그러나 한국과 중국에서만 토착종이며 국제적으로는 멸종 위기에 처한 종이다.

충남야생동물구조센터의 자료를 보면 2018년 한 해 동안 야생동물 1,292개체를 구조했는데, 그중 포유류는 17종, 442개체였다. 이 중 고라니가 306개체(69.2퍼센트)로 가장 많고 너구리는 86개체(19.5퍼센트)가 구조되어 두 동물이 88.7퍼센트나 차지했다. 고라니는 주로 밤에 자동차에 치여 척추나 다리, 골반의 골절로 구조되고 너구리는 개선충인 외부 기생충에 감염되어 탈진이나 기아 상태로 구조된 경우가 많았다.

야생동물구조센터에서 근무하는 수의사와 재활관리사들은 다친 고라니를 정성껏 치료하고 재활훈련을 시켜 본래 살던 곳으로 방생하고 있다. 그러나 이런 정성에도 불구하고 방생한 지 얼마 되지 않은 고라니가 로드킬을 당해서 다시 센터로 들어오거나 유해 야생동물로 포획되는 걸 보면 안타깝고 허탈함을 감출 수 없다고 한다.

같은 동물을 두고 한쪽에서는 정성껏 치료하고, 한쪽에서는 피해를 입힌다며 포획하는 아이러니한 상황이 반복되고 있다. 고라니를 보호해야 할까? 아니면 포획해야 할까?

토론해보아요

1. 위의 글을 읽고 자신의 의견을 말해보세요. 만약 내가 농작물 피해를 입은 농민이라면, 야생동물을 치료하고 연구하는 야생동물 전문가라면 어떤 주장을 펴고 싶은지 토론해보세요.

_____

_____

2. 야생동물과 인간이 평화롭게 살려면 어떤 새로운 방법이 있는지 자신의 생각을 말해보세요.

_____

_____

7

지구와 나를 살리는 친환경 교통수단

자전거

미세먼지, 넌 누구야?

"오늘은 미세먼지 특보가 발효 중입니다. 전국 곳곳에서 초미세먼지 농도가 높게 나타나고 있고, 오후엔 '매우 나쁨' 단계까지 치솟겠습니다. 외출은 되도록 자제하시고 바깥 활동을 할 때는 마스크를 꼭 착용하는 게 좋겠습니다."

이크, 또 미세먼지가 말썽이네요. 공원에서 산책하면서 꽃구경을 하고 싶은데 일기예보에선 외출을 자제하라고 하네요. 바깥을 살펴보니 하늘은 뿌옇고 가까운 건물도 흐린 풍경 속에 숨어버렸어요. 이런 날은 창문을 열고 환기를 시키는 것마저 꺼려져요. 어쩔 수 없이 외출해야 할 때면 미세먼지 마스크부터 챙기는 게 일상이 되었어요. 호흡기를 통해 미세먼지가 몸속으로 들어오면 여러 질병에 걸릴 수 있기 때문에 마스크는 착용해야 하지만 마스크를 쓰고 생활하는 건 아주 불편한 일이에요. 마스크를 끼고 오르막을 오르거나 달리기를 하면 가슴이 터질 듯 숨이 가빠지고, 안경에는 습기가 서려서 앞이 잘 보이질 않아요. 언제까지 이런 불편을 감수하면서 살아야 할까요?

겨울에는 '삼한사미'라는 신조어가 생겼어요. 겨울이 되면 사흘은 춥고 나흘은 따뜻한 날이 반복되면서 '삼한사온'이라는 말이 있었는데, 이젠 사흘은 춥고 나흘은 미세먼지가 기승을 부린다는 뜻이에요. 차가운 대륙성 고기압의 세력이 약해지면서 겨울철 기온이 오르고 바람이 잦아들면 한반도에는 대기가 정체되고 미세먼지 농도가 올라가요. 따뜻한 기온이 감도는 봄이 오면 미세먼지는 더욱 기승을 부려요.

십여 년 전에는 봄이 오면 황사 소식이 들려왔지만 이젠 미세먼지 소식이 톱뉴스를 차지해버렸습니다. 미세먼지는 대도시가 모여 있는 서울과 수도권뿐 아니라 제주도나 강원도처럼 공기가 맑고 오염원이 적은 곳에서도 어김없이 나타나요.

미세먼지는 대기 중에 떠도는 아주 작은 먼지예요. 머리카락 지름보다 작아서 미세먼지라 하는데, 지름(직경)이 $10\mu m$ 이하보다 작은 크기의 입자를 말하고, 지름이 $2.5\mu m$보다 작은 입자는 초미세먼지라고 해요. 미세먼지를 뜻하는 PM은 입자상 물질Particulate Matter이라는 뜻이고, PM10이나 PM2.5는 미세먼지 입자의 크기를 의미해요. 단위는 μm(마이크로미터, 100만분의 1미터)예요. 대기환경보전법에 따르면 입자상 물질이란 물질이 파쇄, 선별, 퇴적, 이적(移積)될 때나 그 밖에 기계적으로 처리되거나 연소, 합성, 분해될 때 발생하는 고체상 또는 액체상의 미세한 물질을 말해요.

보통 먼지는 자연적으로 발생하지만, 미세먼지와 초미세먼지는 대부분 인간의 활동으로 만들어집니다. 미세먼지는 물체 간의 마찰이나 뭔가를 태울 때 생겨요. 석탄 발전소에서 전기 발전을 하기 위해 석탄을 태울 때, 제조업 공장 등에서 연료를 태우거나 가공하는 공정 중에도 미세먼지가 발생하고, 보일러를 가동시킬 때, 쓰레기를 태워

▲ 미세먼지의 발생 원인은 매우 다양하지만 자동차가 달리는 도로 옆에서 미세먼지 농도가 높게 나타난다.

자전거

없애거나 하수도의 폐수를 처리할 때, 산불이나 화재가 났을 때도 미세먼지가 생겨요. 또 달리는 자동차의 바퀴가 닳으면서 생겨나는 먼지, 나무를 태울 때 나오는 재 등도 있어요. 중국 같은 해외에서 날아오는 양도 만만치 않아요.

초미세먼지는 고압 고열에서 뭔가를 태울 때나 화학적 반응으로도 생겨납니다. 자동차의 엔진은 수백 도가 넘는 고온과 고압으로 휘발유나 경유를 태우는데, 이 과정에서 질소산화물이나 황산화물과 함께 탄소입자 등이 뿜어져 나와요. 이렇게 나온 질소산화물이나 황산화물 중 일부는 여러 과정을 거쳐서 초미세먼지가 돼요. 휘발유, 경유, 가스를 이용하여 달리는 승용차와 버스에서도 초미세먼지가 나오고 철도, 항공, 선박, 건설기계, 농기계 등에서도 배출되고 있어요.

미세먼지가 우리 몸속에 들어오면 염증과 가려움 같은 눈 질환과 비염, 후두염, 아토피와 여드름 같은 피부 질환을 일으킬 뿐 아니라 천식, 호흡기 질환, 심혈관 질환의 원인이 되고, 편두통과 치매, 뇌졸중 같은 뇌혈관 질환 등 심각한 질병을 일으키기도 해요. 세계보건기구 산하 국제암연구소IARC는 미세먼지를 1군 발암물질로 분류하기도 했어요.

▶ 서울의 한 초등학교에 설치한 미세먼지 신호등.

자전거로 충분하다

　미세먼지를 일으키는 원인은 너무나도 폭넓고 우리 일상생활과 밀접하게 연관되어 있어서 짧은 시간에 이 문제를 해결하는 건 매우 어렵습니다. 최근 들어 미세먼지 문제가 갈수록 심각해지고 사람들의 건강을 위협하자 이 문제를 해결하기 위해 정부와 지방자치단체, 기업, 시민단체 등 많은 사람들이 다양한 노력을 하고 있어요. 노후 석탄 화력발전소 폐쇄와 재생에너지 비중 확대, 노후 경유 자동차 운행 제한과 친환경 자동차 보급 확대, 차량 2부제 시행, 친환경 보일러 보급, 동북아 4개국 주요 도시와 환경 외교 강화 등 다양한 정책을 시행하고 있어요.

　한편, 1970년대 일본 도쿄의 하늘은 뿌옇고 대기오염 문제가 심각했지만 지금 일본 사람들은 공기오염 걱정을 하지 않습니다. 비결은 뭘까요? 1967년 일본 정부는 공해대책기본법을 제정하고 공장 굴뚝의 연기 배출과 자동차 배출 가스를 규제했어요. 1993년에는 환경기본법을 제정했는데 이후 시민들은 미세먼지 배출에 책임 있는 국가기관과 기업에 소송을 제기했어요. 일본 정부와 자동차 회사 등을 상대로 제기한 이 소송을 통해 대기오염 피해를 널리 알리고 문제를 해결하기 위해 노력했어요.

2001년에는 일본 정부가 새로운 행정 기구인 환경성(省)을 만들어 대기오염뿐 아니라 미세먼지에 대한 대책을 마련했어요. 대도시에서 운행하는 경유 자동차에 대한 배출 가스 규제를 강화하는 'NO디젤법'을 개정했는데, 이후에는 농업용 콤바인, 불도저 등도 규제 대상에 포함시켰어요. 이렇게 도시에서 맑은 공기를 유지하기 위해 일본 정부를 비롯한 여러 기관과 시민들이 다양한 노력을 기울인 끝에 대기오염과 미세먼지 걱정을 덜었다고 해요.

우리나라의 하늘도 다시 맑아지려면 사람들 모두가 자신의 자리에서 당장 시작할 수 있는 일을 찾아 두 팔 걷고 나서야 해요. 미세먼지를 일으키는 원인은 매우 다양하지만 우리 생활에서 가장 흔한 것은 자동차라고 할 수 있어요. 지금은 불편하더라도 맑은 공기를 위해서라면 자가용 운행을 멈추고 대중교통을 이용하는 것과 같은 결단이 필요해요. 이렇게 미세먼지가 극성을 부리는 시기에 가장 주목받는 것은 바로 자전거예요.

자전거는 자동차처럼 매연이나 미세먼지, 이산화탄소를 내뿜지 않아요. 석유와 천연가스, 석탄 같은 화석연료를 이용하지도 않고, 오직 사람의 발로 페달을 굴리는 힘을 지렛대 원리로 이동해요. 자동차나 오토바이처럼 소음을 내지도 않아요. 가벼운 물건을 싣거나 사람을 태울 수도 있어요. 자동차는 출퇴근 시간이나 명절에 심각한 교통 체증이 생기면 거북이걸음처럼 느려지지만 자전거는 좁은 길도 가볍게 통과할 수 있어요. 주차 공간을 많이 차지하지 않기 때문에 주차요금이 없고, 주차 시비로 마음고생을 할 일도 없어요. 자동차에 비해 수리나 관리도 간단해요. 그래서 자전거는 친환경의 대명사가 되었어요.

우리말로 자전거(自轉車)는 '스스로 돌려서 나아가는 탈것'이라는 뜻을 가졌어요. 영어로 바이시클bicycle은 '두 개의 바퀴를 가진 탈것'이라는 뜻이에요. 자전거는 자동차의 엔진 같은 별도의 동력원이 없어도 잘 달려요. 오로지 자전거를 탄 사람이 페달을 밟는 힘을 지렛대 원리로 증폭시켜서 힘과 속도를 내면서 시원하게 달려가요. 바퀴는 앞뒤에 2개뿐이지만 균형만 잘 잡으면 넘어지지 않고 안정적으로 탈 수 있어요.

그렇다면 자전거는 바퀴가 2개뿐인데 왜 달릴 때 넘어지지 않을까요? 자전거는 앞바퀴에서 생기는 힘 때문에 안정성을 얻는데, 이것은 팽이가 돌 때 넘어지지 않고 회전축을 중심으로 똑바로 유지하는

자전거는 매연이나 소음을 내뿜지 않고 좁은 길도 가볍게 통과한다. ▲
서울시 차 없는 날 행사에서 어린이들이 자전거 행진을 하고 있다. ▼

원리와 같아요. 자전거의 앞바퀴가 돌고 있는 팽이라면 앞바퀴가 회전하는 동안 회전력에 대한 관성이 생겨서 중심축을 유지하려고 해요. 달리던 자전거가 넘어지려고 하면 그 방향으로 앞바퀴를 틀어서 다시 힘의 중심축을 세우면 복원력도 생겨요.

자전거는 지금까지 만들어진 이동수단 중에서 에너지 효율이 가장 뛰어나요. 사람 한 명이 1마일(1.6킬로미터)을 이동할 때 소비하는 에너지가 걷기는 100칼로리, 자동차는 1,860칼로리가 필요하지만 자전거는 35칼로리면 충분해요. 또 자전거는 천천히 달리면서 주변 풍경을 자세히 관찰할 수 있어요. 자동차로 달릴 때는 휙휙 지나쳤던 풍경을 찬찬히 살펴보면서 계절을 만끽할 수 있어요. 화물 자전거는 물건을 싣고 달리기도 해요. 1980년대까지만 해도 두부장수나 물장수 등 다양한 생활용품을 나르는 화물 자전거가 흔했어요.

물론 자전거의 단점도 있어요. 교통사고가 났을 때 크게 다칠 수 있어요. 자동차처럼 단단한 외부 보호막이 없으니까요. 자동차보다 도난 사고도 쉽게 일어나요. 자동차는 차 주인이 등록되어 있어 잃어버려도 주인을 찾기가 쉽지만 자전거는 그렇지 않아요. 또 장거리를 달릴 때는 불편해요. 가까운 거리는 자전거로 이동하면 편리하지만 먼 거리를 이동할 때는 자동차가 훨씬 안전하고 편해요.

자전거의 역사

자전거의 모양과 비슷한 탈것이 처음 등장한 것은 1791년 프랑스의 귀족 콩트 메데 드 시브락Conte Mede de Sivrac이 만든 셀레리페르 Célérifère입니다. 이 셀레리페르는 '빨리 달리는 기계'라는 뜻을 가지고 있는데, 나무로 만든 바퀴 두 개를 연결하여 안장을 얹었고 아이들이 타는 목마와 비슷했어요. 이것을 탄 사람은 발로 땅을 굴려야 앞으로 움직였고 방향을 바꾸려면 앞바퀴를 들어 돌려야 했어요. 아주 초보적인 방식이었던 이것은 교통수단이라기보다는 귀족이나 아이들의 오락 기구 정도로 쓰였어요. 그러나 이 아이디어는 점점 발전하여 자전거의 시초가 되었어요.

1817년 독일의 귀족 카를 폰 드라이스Karl von Drais는 핸들을 단

최초의 자전거를 발명했어요. 바덴 대공국의 산림을 감독하는 책임자였던 드라이스는 드넓은 지역을 걸어 다니는 것이 너무 힘들어서 자신의 이름을 딴 드라이지네Draisine를 만들었어요. 드라이지네는 '빠른 발'이라는 뜻을 가졌는데, 역시 발로 땅을 차서 움직이는 구조였지만 좌우로 움직일 수 있는 방향타인 핸들이 앞바퀴에 달려 있어서 방향을 조절하면서 움직일 수 있었어요. 나무로 만들어 무게가 22킬로그램이나 되었고, 1시간 동안 12마일(약 19.2킬로미터)을 달릴 수 있었는데 말이 달리는 속력과 비슷했다고 해요. 이 드라이지네는 영국으로 건너가 호비 호스Hobby Horse, 댄디 호스Dandy Horse라는 새로운 이름으로 인기를 끌기도 했어요.

이후 1861년 프랑스의 대장장이 피에르 미쇼Pierre Michaux는 페달을 단 자전거인 벨로시페드Velocipede를 만들었어요. 어느 날 손님이 호비 호스를 수리해달라고 요청하자, 미쇼는 앞바퀴에 페달을 달아 회전운동으로 자전거가 굴러갈 수 있도록 만들어주었어요. 이후 하나둘 주문이 들어오더니 4년이 흐른 1865년 벨로시페드는 무려 400대나 팔려서 상업적으로 성공했고, 대량으로 생산한 최초의 자전거가 되었어요.

1868년 영국에서는 바이시클이라는 이름을 사용했고, 프랑스 생클루에서는 세계 최초로 자전거 경주 대회가 열렸어요. 이 무렵 유럽에서 널리 유행한 자전거는 앞바퀴가 매우 크고 뒷바퀴는 작은 하이

▲ 자전거의 시초가 된 셀레리페르.

▲ 대량으로 생산한 최초의 자전거, 벨로시페드.

▲ 19세기 후반에 유행한 오디너리 자전거.

휠High Wheel, 또는 오디너리Ordinary 라는 자전거였어요. 오디너리 자전거는 페달이 앞바퀴에 붙어 있는데, 바퀴가 클수록 더 멀리 나아가는 원리를 이용하고 있어요. 이 자전거는 1870년 영국 코번트리에서 자전거 가게를 운영하던 제임스 스탈리James Starley와 윌리엄 힐먼William Hillman이 만든 페니 파딩Penny-Farthing 에서 영감을 받아 만들어졌어요. 페니 파딩은 페달이 한 번 왕복하는 동안에 약 3.5미터를 나갈 수 있었고, 딱딱한 고무 타이어와 금속 살을 가진 바퀴를 장착하고 있었어요.

오디너리 자전거는 앞바퀴가 커서 빨리 달릴 수 있었지만 자전거의 높이가 높으니 중심을 잡기 어려워 자전거에서 굴러 떨어지기 쉬웠어요. 그래서 젊은 남성들은 이 자전거를 즐겼지만 노인이나 여성들은 좋아하지 않았어요. 그러자 이들이 탈 수 있는 자전거도 개발되었는데, 치마를 입은 여성이 탈 수 있도록 안장의 위치를 이동시키거나 균형을 잘 잡을 수 있

▲ 우리나라 자전거 행사에 선비 복장을 한 분이 오디너리 자전거를 타고 나타나 주목을 받았다.

자전거

▲ 공기 주입식 타이어를 개발한 던롭.

는 세 바퀴 자전거Tricycle도 나타났어요.

1876년에는 지금 우리가 흔히 이용하는 자전거가 등장했습니다. 영국의 해리 로슨Harry Lawson은 앞바퀴와 뒷바퀴의 크기가 비슷한 안전 자전거Safety Bicycle를 개발하여 바이시클릿Bicyclette(소형 자전거)이라는 이름을 붙였어요. 바이시클릿은 앞바퀴와 뒷바퀴의 크기가 같고 페달은 두 바퀴의 중간에 달려 있으며 페달을 밟으면 체인에 연결된 뒷바퀴가 굴러갔어요. 자전거의 안장에 오르기도 쉽고 주행 중에 균형 잡기도 쉬웠어요.

그 후 다양한 안전 자전거가 등장했지만 오디너리 자전거보다 높이가 낮고 바퀴가 작아서 진동이 심했어요. 그러자 1887년 스코틀랜드의 수의사였던 존 던롭John Dunlop이 공기 주입식 타이어를 개발하면서 이런 문제를 해결했어요. 던롭은 어린 아들이 자전거를 타면 엉덩이가 아프다고 자꾸 불평하자, 고무 타이어 안에 있는 튜브에 공기를 넣어서 팽팽하게 부풀린 자전거용 공기타이어를 개발했어요. 공기 타이어를 단 자전거는 덜컹거리지 않고 부드럽게 달릴 수 있어 새로운 유행으로 자리 잡았어요.

1890년대부터 자전거는 최고 인기를 누리며 누구나 일상에서 즐겨 타는 인기 높은 이동수단이 되었어요. 출퇴근하는 사람들과 등교하는 학생들, 왕진을 가는 의사, 장 보러 가는 사람들도 자전거를 타고 시원하게 달렸어요. 우리나라에 자전거를 처음 들여온 사람은 여러 가지 설이 있지만 제중원 의사였던 호러스 알렌Horace Allen으로 추정하고 있어요. 1884년 조선에 온 그는 1887년 주미 조선공사관 참찬관으로 미국에 갔다가 1890년 다시 돌아올 때 자전거를 가지고 왔다고 해요. 처음 자전거를 탄 한국인은 1895년 미국에서 귀국한 윤치호(대한제국과 일제강점기 때의 사상가, 교육자)였다고 해요. 1890년대 중반에는 자전거 여러 대가 서울을 누볐고, 1899년 미국인 상점인 개리양행은 독립신문에 자전거 판매 광고를 하기도 했어요.

'34번째 민족 대표'이자 한국 이름인 석호필(石虎弼)로 유명한 프랭크 윌리엄 스코필드Frank William Schofield(영국 태생의 캐나다인)는 세브란스 의학전문학교에서 교수와 선교사로 재직하던 중 1919년 3·1운동이 일어나자 우리나라 사람들을 적극 도왔어요. 뿐만 아니라 1919년 4월 15일 화성 제암리 교회에 모인 민간인을 일본 군인들이 무참히 학살한 '제암리 학살 사건'이 벌어지자, 수원에서 제암리까지 자전거를 타고 달려가 참혹한 현장을 사진으로 찍어서 세상에 처음 알렸어요.

엄복동은 1913년 중고 자전거를 끌고 나간 자전거 대회에서 우승을 차지한 후 대회마다 우승을 차지해서 뜨거운 인기를 누렸어요. 당시 비행기 조종사였던 안창남과 함께 조선인들의 민족의식을 높어주었어요. '떴다 보아라 안창남의 비행기, 내려다 보아라 엄복동의 자전거'라는 가사의 노래가 생겨날 정도로 둘의 인기는 대단했어요. 그런데 1926년과 1950년 엄복동은 자전거 십여 대를 훔쳐 장물로 팔았다가 실형을 선고받았어요. 당시 자전거는 쌀 수십 가마니 가격으로 매우 비쌌다고 해요. 1950년 신문에 보도된 바에 따르면 당시 쌀 가격은 약 8킬로그램에 2,300원이고 공무원 월급이 9,300원인데, 엄복동이 훔친 자전거는 3만 원이었다고 해요. 당시에는 정밀한 부품으로 구성되어 있는 자전거를 수제로 조립했는데, 모두 미국과 일본에서 수입했어요. 또 세계 1·2차 대전이 일어난 뒤라서 철과 구리, 알루미늄 같은 금속 가격이 엄청나게 폭등했다고 해요.

미래 도시를 누빌
친환경 교통

    자전거가 처음 등장한 19세기 초반, 유럽에서는 산업혁명이 일어나면서 증기 자동차와 가솔린 자동차, 디젤 자동차 등 자동차 산업이 매우 빠르게 발전했습니다. 이 틈에서 자전거도 조금씩 발전하면서 1950년대부터는 교통수단뿐 아니라 취미나 건강관리용으로 활용도가 넓어지기 시작했어요. 그러다가 1970년대 환경에 대한 관심이 높아지고 지구 자원의 남용과 생태계 파괴에 대한 인식이 달라지면서 자전거의 가치가 높아지기 시작했어요. 특히 석유 가격이 갑자기 치솟은 오일쇼크가 두 차례나 일어나 전 세계가 깜짝 놀라면서 자전거에 대한 대접이 달라졌어요. 사람들은 자전거야말로 기계적으로, 또는 생태적으로 가장 위대한 발명품이라는 것을 깨달았어요. 이후 자전거 산업도 매우 빠르게 발전했어요.

자전거의 종류는 정말 다양해졌어요. 누워 타는 자전거, 2인승 자전거, 4인승 자전거, 유모차를 연결한 자전거, 자전거 택시, 자전거 버스, 전기 자전거 등 놀랍고도 기발한 모양의 이색 자전거가 계속 등장하고 있어요. 자전거는 개인이 소유한 경우도 많지만 공공 자전거도 늘고 있어요. 서울시의 공공 자전거는 '따릉이'라고 해요. 따릉이는 시민이라면 누구나, 언제나, 어디서나 쉽고 편리하게 이용할 수 있게 무인 대여 시스템으로 운영하고 있어요. 자전거를 대여하고 반납하는 곳인 대여소는 버스 정류장과 지하철 출입구, 관공서, 주택단지, 학교, 은행 등 사람들이 많이 다니는 곳에 설치되어 있어 자전거를 빌리거나 반납하기가 쉬워요. 자전거 대여와 반납은 회원 가입을 한 후 카드나 앱으로 신청할 수 있는데, 대여소가 설치된 곳이면 어디에서나 이용할 수 있어요.

▲ 다양한 용도를 가진 이색 자전거도 속속 발명되고 있다.

▲ 자전거는 운동용, 오락용, 화물 운반용 등 다양한 용도로 쓰이고 있다. 위 사진은 수원시 생태교통 행사에 등장한 이색 자전거.

자전거

서울시뿐 아니라 전국 여러 도시에도 공공 자전거가 있습니다. 창원시는 서울보다 앞서 '누비자'라는 공공 자전거 시스템을 만들었어요. 창원시는 자전거 전용 도로가 잘 갖춰져 있고, 자전거 전용 횡단보도도 곳곳에 설치되어 있어요. 대전시 공공 자전거 이름은 '타슈', 순천시 '온누리', 세종시 '어울링', 안산시 '페달로' 등 전국 곳곳에서 공공 자전거가 달리고 있어요. 우리나라뿐 아니라 세계의 도시에서도 공공 자전거를 이용하고 있어요. 공공 자전거 중 가장 많은 시민들이 이용하는 성공 사례로 알려진 프랑스 파리에는 벨리브Velib가 있고, 독일 프랑크푸르트의 넥스트 바이크Next Bike, 영국 런던의 산탄데르 자전거Santander Cycles, 미국 뉴욕의 시티 바이크Citi Bike도 있어요. 중국의 베이징과 상하이 같은 도시에서도 시민들이 공공 자전거를 즐겨 이용하고 있어요.

덴마크 코펜하겐과 네덜란드 암스테르담, 브라질 쿠리치바 등 친환경 도시를 표방하는 세계 도시들도 자전거 중심의 교통정책을 펴고 있고, 도심을 달릴 때는 '자전거로 충분하다'라고 강조하고 있어요. 또 자전거 이용을 늘리고 안전하게 자전거를 탈 수 있도록 자전거 도로를 만들고 있어요.

2016년 덴마크 코펜하겐에서는 하루 평균 자전거 수가 자동차의 수를 앞질렀습니다. 시내를 달린 자전거의 수는 하루 평균 26만 5,700대로, 25만 2,600대를 기록한 자동차보다 많았어요. 시민들의

41퍼센트가 출퇴근과 통학을 하면서 자전거를 이용했고, 국회의원의 63퍼센트도 자전거를 이용하고 있어요. 코펜하겐은 도로 체계를 자전거에 맞게 바꾸면서 자전거 통행량이 지난 20년 동안 68퍼센트나 늘었다고 해요.

이처럼 자전거 이용자가 늘다 보니 자전거 정체도 늘고 있는데, 코펜하겐은 자전거 도로를 넓히고 이미 17곳인 자전거 전용 다리를 더 늘릴 계획이에요. 또 세계 최초로 자전거족을 위한 실시간 교통 상황판도 등장했어요. 시내의 자전거 전용 도로 주요 지점에 교통 상황판을 설치했는데, 자전거 운전자에게 막히지 않는 길과 목적지까지 남은 거리, 공사 현장 상황 등을 알려주고 있어요. 또 코펜하겐에는 자전거 전용 고속도로도 있어요.

국토 대부분의 지형이 평지인 네덜란드는 자전거 이용에 유리한 조건을 갖추고 있어요. 주거지에서 도심까지 거리가 멀지 않고, 도로 망과 인구가 밀집돼 있어 자전거로도 충분히 목적지에 닿을 수 있어요. 암스테르담의 면적은 좁고 도로 여건도 좋지 않지만 대부분의 간선도로에 자전거 도로를 만들었어요. 법률에서도 자동차보다 자전거가 우선이에요. 암스테르담뿐 아니라 흐로닝언, 델프트 같은 자전거 도시들은 자동차 운행을 줄이기 위해 도심에 자동차 금지구역을 지정하여 자전거와 보행자 중심의 도시로 만들었어요.

이처럼 유럽의 자전거 도시들은 자전거를 중요한 교통수단으로

▲ 서울시 공유 자전거 '따릉이'.
▼ 중국의 공유 자전거.

생각하고 있습니다. 1970년대 이후 비좁은 도시에 자동차가 폭발적으로 늘어나자 자전거 정책을 과감하게 도입했어요. 그리고 보행자와 자전거가 자유롭게 다닐 수 있도록 자동차 억제 정책을 꾸준히 펼치고 있어요.

미래 도시에서도 자전거의 인기는 높아질 것입니다. 지금처럼 우리가 화석연료를 많이 이용하면 미래에는 화석연료가 고갈될 거예요. 그러나 자전거는 화석연료를 이용하지 않기 때문에 고갈 걱정이 없어요. 과거에 자동차가 처음 등장했을 때는 부유한 사람들만 소유할 수 있어서 자동차는 한동안 부의 상징으로 여겨졌어요. 이제는 자동차의 보급이 늘면서 생활에 필요한 이동수단으로 자리 잡았지만, 여전히 자동차의 가격은 비싸고 유지 관리비도 많이 들어요. 자동차는 연료비와 수리비, 주차 요금, 보험료까지 매달 많은 비용이 들지만 자전거는 수리비 정도 외에는 큰 비용이 들지 않아요.

여러 가지 면에서 자전거는 자동차보다 더욱 실용적이에요. 자동차를 타든 자전거를 타든 중요한 건 우리가 원하는 곳으로 안전하게 이동하는 게 목적이니까요. 실용성을 중요하게 생각하는 사람들은 혼자 출퇴근하면서 4인승 자가용은 낭비라고 생각해요. 나 홀로 출근하는 사람들이 자가용을 몰고 거리로 나오면서 심각한 교통체증을 일으키고 있으니까요. 그뿐 아니라 사무실에서 근무하는 동안 주차장에 세워둔 자가용들 때문에 주차장은 늘 포화상태예요. 그래서 집에서 공공 자전거를 타고 출발하여 버스 정류장이나 지하철역에서 자전거를 반납한 뒤, 버스나 지하철 같은 대중교통으로 갈아타고 출근하는 사람들이 늘고 있어요. 또 전동 휠, 전동 킥보드, 세그웨이처럼 첨단 동력 기술이 장착된 퍼스널 모빌리티personal mobility(1인용 전동 이동수단)를 이용하여 원하는 곳으로 빨리, 안전하게 이동하는 사람들도 늘고 있어요.

지금까지 인류가 개발한 교통수단 가운데 가장 친환경적인 교통수단은 바로 자전거라고 할 수 있어요. 지구와 자연에 좋지 않은 영향을 미치는 이산화탄소나 미세먼지 등을 배출하지 않고, 연료도 필요하지 않을 뿐 아니라 어린이와 성인, 남녀노소 누구나 즐겨 이용할 수 있으니까요. 이것이 바로 자전거가 지구를 살리는 기발한 물건의 목록에 이름을 올린 까닭이에요.

지구일보

2019년 3월 6일, 관측 이래 최악의 미세먼지가 한반도를 덮친 가운데 수도권과 충청권, 광주 등 전국에 7일 연속 비상 저감 조치가 발령됐다. 비상 저감조치가 발령되면 서울 지역에는 배출 가스 5등급 차량의 운행 제한과 행정기관·공공기관의 차량 2부제를 시행한다.

▶ 자동차를 줄일 수 있을까?

7일째 최악의 미세먼지가 기승을 부리자 거리는 이동하는 시민들이 줄어들어 한산하고, 간혹 오가는 시민들은 미세먼지 마스크와 안경 등으로 얼굴을 최대한 가린 모습이다. 예정되었던 야외 행사는 줄줄이 취소되거나 연기되었고, 시민들은 외출을 자제한 채 실내에서 공기청정기를 작동시키거나 식물을 키우는 등 미세먼지의 피해를 줄이기 위해 애쓰고 있다.

미세먼지를 연구하는 전문가에 따르면 미세먼지의 피해를 줄이려면 차량 2부제 시행보다는 자동차의 운행 자체를 줄이는 것이 중요하다고 한다. 수도권 미세먼지의 발생 원인 1위는 자동차인데, 대중교통을 더욱 빠르고 편리하게 만들어 승용차 이용률을 절반으로 낮추면 미세먼지뿐만 아니라 대기질 전체를 개선할 수 있다고 한다. 더불어 에너지 사용도 줄일 수 있다.

환경단체들은 차량 이동이 많은 서울의 도심 지역을 대상으로 혼잡 통행료를 부과하는 강력한 조치를 취해야 한다고 주장했다. 또 도심 내 차량 운행을 통제하려면 시민들이 대중교통을 쉽게 이용할 수 있도록 승용차 중심의 도시교통 시스템을 대중교통 중심으로 전환해야 한다고 강조했다.

한편, 국토교통부의 발표에 따르면 2018년 12월 기준 우리나라의 자동차 등록 대수가 2,300만 대를 넘어섰다. 우리나라 자동차 등록 대수는 총 2,320만 2,555대로, 2017년과 비교해 보면 3퍼센트 증가했다. 우리나라 인구 2.2명당 자동차 1대를 보유하고 있는 셈이다. 등록된 자동차 가운데 국산 차는 2,103

만 대(90.6퍼센트), 수입 차는 217만 대(9.4퍼센트)를 차지했다. 친환경 자동차로 분류되는 하이브리드 자동차와 전기 자동차, 수소 자동차는 총 46만 1,733대로, 2017년 1.5퍼센트에서 2018년 2.0퍼센트로 늘어났다.

취업을 앞둔 청년들이 돈을 벌면 가장 먼저 사고 싶은 것이 자동차라고 한다. 또 돈을 열심히 모으면 자동차를 먼저 살까, 집을 먼저 살까를 고민한다고도 한다. 빠르고 편리한 이동수단인 자동차는 기동성이 좋을 뿐 아니라 여러 사람과 많은 짐을 싣고 달릴 수도 있고, 자신의 개성이나 재력을 드러내고 과시하는 수단이 되기도 한다. 부유층에서는 자동차를 가족마다 소유하기도 하고, 다양한 종류의 자동차를 구비하여 운행하기도 한다.

미세먼지가 점점 극심해지고 교통체증도 심각한 이때에 자동차의 소유와 운행을 자제하는 것이 가능할까? 인간 욕망의 정점에 있는 자동차를 포기하는 게 과연 가능할까?

<table>
<tr><td>토론해보아요</td><td>1. 위의 글을 읽고 자신의 의견을 말해보세요. 만약 내가 자동차가 꼭 필요한 직업을 가진 운전자라면, 호흡기 질환으로 고생하는 환자라면 어떤 주장을 펴고 싶은지 토론해보세요.</td></tr>
</table>

_____

_____

2. 미세먼지와 교통 문제를 함께 해결할 수 있는 방법은 무엇인지 자신의 생각을 말해보세요.

_____

_____

8

보다 편리하고 윤택한 삶을 만드는 인간 중심의 기술

적정기술

간단하고도 놀라운 기술

큐 드럼Q-Drum을 아시나요? 동그란 모양의 플라스틱 물통인 큐 드럼은 도넛처럼 가운데에 구멍이 뚫려 있어요. 이 구멍에 줄을 연결하여 당기면 물통이 바퀴처럼 스르륵 굴러가요. 그래서 물을 담아서 아주 무거워진 물통을 힘들게 머리에 이거나 등에 지지 않아도 수레를 끄는 것처럼 쉽게 옮길 수 있어요. 큐 드럼은 도넛 모양으로 생긴 물통에 끈을 연결한 모양이 알파벳 큐Q를 닮아 붙여진 이름이에요.

큐 드럼은 1993년 남아프리카공화국의 건축 디자이너인 한스 헨드릭스Hans Hendrikse와 피에트 헨드릭스Piet Hendrikse 형제가 만들었는데, 아프리카 여성과 어린이들이 무거운 양동이를 이고 수 킬로미터를 힘들게 걸어 다니는 것을 보고 디자인했다고 합니다. 물이 귀한 아프리카 사람들은 마실 수 있는 깨끗한 물을 구하기 위해 날마다 먼 거리를 걸어서 물을 나르고 있어요. 거리도 멀지만 물이 가득 든 물통을 머리에 이거나 등에 메고 오는 것은 매우 힘든 일이에요. 자칫 잘못하면 물이 쏟아지거나 오염되기도 해요. 더구나 이런 일은 일을 하러 나간 남편이나 아빠를 대신해서 여인들이나 아이들이 하고 있는데, 이 물통 덕분에 아프리카 사람들은 고된 노동을 한결 쉽게 해결할 수 있었어요.

큐 드럼에는 물 50리터를 채울 수 있어요. 물을 가득 채웠을 때의 무게는 54.5킬로그램이지만 실제 큐 드럼을 끌 때 느껴지는 무게는 4.5킬로그램 정도에 지나지 않는다고 해요. 용기는 저밀도 폴리에틸렌LDPE으로 만들었는데, 15년 이상 사용할 수 있을 정도로 매우 튼튼해요.

한편, 오염된 물을 깨끗하게 정화시켜 주는 라이프 스트로 Life Straw도 있습니다. 라이프 스트로는 원통형 빨대 모양으로 생긴 25센티미터 정도 크기의 휴대용 정수기예요. 오염된 물에 한쪽을 담그고 입으로 천천히 빨아올리면 돼요. 물이 올라오는 동안 3단계에 걸쳐 바이러스와 박테리아, 기생충 등을 걸러주고, 활성탄으로 악취까지 제거하여 신선한 물을 마실 수 있게 해줘요. 덕분에 이질과 장티푸스, 콜레라 같은 수인성 (水因性) 전염병을 예방할 수 있는데, 바닷물이나 진흙이 많이

▲ 라이프 스트로.

섞인 물은 정수할 수 없다고 해요. 또 전기 같은 특별한 장치가 필요하지 않아 사용하기는 편리하지만 1~2년에 한 번씩 바꿔줘야 해요.

라이프 스트로는 2005년 덴마크 기업인인 토르벤 베스터가드 프랑센Torben Vestergaard Frandsen이 개발했는데, 나이지리아와 콩고, 케냐, 수단 등 맑은 물을 구하기 어려운 아프리카 사람들을 위해 주로 국제 구호단체에서 보급하고 있습니다. 이들뿐 아니라 세계 곳곳의 열악한 현장에서 구호활동을 하고 있는 국제기구 직원들과 선교사, 물이 오염된 지역을 여행하는 여행자들도 라이프 스트로를 이용하고 있어요.

전기가 부족한 지역에 사는 아이들이 밤에도 공부를 할 수 있도록 돕는 축구공형 발전기도 있어요. '소켓Soccket'이라는 자가발전 축구공에는 LED 램프를 연결할 수 있는 소켓이 들어 있어요. 낮에 축구를 열심히 해서 축구공에 전기를 저장해놓고 밤에 LED 램프를 연결하면 환한 빛이 나와서 책을 읽거나 공부를 할 수 있어요. 공 안에 있는 운동 센서와 발전기가 운동에너지를 전기에너지로 바꿔주는 원리인데, 축구를 30분 정도 하면 3시간 정도 불을 밝힐 수 있어요. 소켓은 2008년 하버드 공대 여학생들이 전기가 들어오지 않는 지역에 사는 아이들을 위해 개발했어요. 열심히 공을 차고 놀기만 해도 전기를 만들 수 있다니 정말 신기하죠?

적정기술이란 뭘까?

　이처럼 간단한 디자인이나 알맞은 기술을 이용하여 특정한 지역에 사는 사람들의 삶을 보다 편리하고 윤택하게 만들어주는 기술을 '적정기술'이라고 합니다. 적정기술은 그 지역에서 쉽게 구할 수 있는 재료와 복잡하지 않은 기술을 이용하여 사람들의 생활환경을 더욱 편리하고 쾌적하게 만들어주는 생활기술이에요. 기술을 공개하여 누구나 쉽게 배워서 이용할 수 있고, 이것을 사용하는 사람의 여건에 따라 기술을 자유롭게 변형시킬 수도 있어요. 적정기술은 주로 국제 구호단체를 통해서 개발도상국이나 제3세계에서 이용하는 것으로 알려졌지만, 지금은 전 세계 곳곳에서 다양한 기술이 개발되었고 이 기술을 이용하는 사람들도 늘어나고 있어요.

우리나라에서도 적정기술을 적용한 사례가 늘고 있어요. 우리나라에서 가장 널리 쓰이는 적정기술은 화목난로예요. 추운 겨울이 오면 실내를 따뜻하게 덥히기 위해 난로를 이용하는 집들이 늘고 있어요. 특히 농촌이나 숲속에 있는 단독주택은 아궁이와 구들, 보일러로 바닥 난방을 열심히 해도 실내 온도를 높이기 어려운 경우가 종종 있어요. 석유를 이용하여 난방을 하면 편리하지만 긴긴 겨울 동안 비싼 석유를 계속 사용하면 엄청난 비용이 드니 부담스러워요. 이런 고민을 해결하기 위해 거실에 난로를 설치하는 집들이 늘어나고 있는데, 난로를 설치해도 여전히 고민이 있어요. 난로를 따뜻하게 지피려면 땔감이 충분해야 해요. 많은 나무를 벤 뒤 실어 와서 적당한 크기로 잘라 잘 마른 장작으로 만드는 데 적지 않은 품이 들어요.

이럴 때 필요한 것이 바로 적정기술을 접목한 고효율 화목난로입니다. 고효율 화목난로는 기존에 사용하던 화목난로를 개량하여 적은 양의 땔감으로도 높은 화력을 내는 난로인데, 보통 난로보다 연료를 10~30퍼센트 정도만 사용해도 충분히 따뜻하게 지낼 수 있어요. 또 완전연소를 시켜서 연기가 거의 나오지 않을 정도로 효율이 높고 오염물질을 최소화하는 기술도 갖추고 있어요. 이런 고효율 화목난로는 공장에서 만든 똑같은 모양이 아니라 난로를 만드는 기술자에 따라 디자인이 다르고 효율을 높이는 방법과 기술도 달라요. 실내 공기를 따뜻하게 덥혀주는 난로뿐 아니라 방바닥 아래에 있는 구들과 연결하여 난

▲ 고효율 화목난로는 적은 연료로도 실내를 따뜻하게 덥혀준다.

로를 지피면 방바닥이 함께 따뜻해지는 구들난로도 있어요.

　　화목난로 기술자들이 한자리에 모여서 서로 배우고 가르쳐주는 워크숍을 열기도 해요. 해마다 겨울 농한기가 되면 전국에서 활동하는 난로 기술자들이 '나는 난로다' 행사장에 모여서 자신이 만든 난로의 성능을 뽐내고 기술을 공유해요. '고효율 화목난로 공모전'을 열어 가장 기발한 난로를 뽑아 시상을 하고, 벽난로 제작 워크숍, 적정기술에 대한 강의와 포럼, 일본의 적정기술 등 다양한 기술과 정보를 나눠요. 난로의 여러 문제점을 진단하고 해결해주는 난로 병원도 운영해요.

난로뿐 아니라 실제 생활에서 사용하는 적정기술은 점점 다양해지고 있어요. 햇빛으로 공기를 따뜻하게 데워 실내에 공급하는 햇빛 온풍기는 전기나 화석연료를 사용하지 않고도 방 안을 훈훈하게 덥혀줘요. 아이스박스와 쿨러팬으로 만든 햇빛 냉방기는 태양의 힘으로 시원한 바람을 내뿜어 개인용 에어컨으로 쓸 수 있어요. 태양열로 물을 따뜻하게 데워서 온수를 쓸 수 있게 해주는 햇빛 온수기도 있어요.

과일이나 채소를 뜨거운 태양열로 바짝 말려서 과자처럼 먹을 수 있게 해주는 햇빛 건조기도 있고, 작은 태양광 패널로 전기를 만들어 휴대폰을 충전할 수 있는 태양광 휴대폰 충전기는 간단한 재료와 기술만 있으면 누구나 만들어 사용할 수 있어요. 비 오는 날 빗물을 모았다가 텃밭이나 화단의 식물을 가꿀 때 이용하는 빗물 저금통은 큰 항아리나 플라스틱 통처럼 주변에 있는 흔한 재료를 이용해 쉽게 만들 수 있어요.

다양한 적정기술을 이용하여 카페를 운영하는 곳도 있어요. 서울시 은평구 녹번동에 있는 혁신파크 한쪽에는 숲속 오두막을 닮은 비전화(非電化) 카페가 있어요. 이곳은 전기와 화학물질 없이 더 행복한 삶을 누리자는 의미를 가지고 2018년 11월에 문을 연 카페예요. 카페 건물은 적정기술을 연구하는 청년들이 모여 힘과 지혜를 모아 패시브 하우스 형태로 튼튼하게 지었는데, 벽에 볏짚을 60센티미터가량 두껍게 넣고 바닥과 지붕은 왕겨를 넣어 매우 꼼꼼하게 단열했어

▲ 뜨거운 태양열을 이용하는 햇빛 건조기로 과일을 말리면 과자처럼 먹을 수 있다.

▶ 햇빛 저금통.

요. 난방은 효율이 높은 화목난로로 불을 지펴서 실내를 따뜻하게 데우고 조명은 초와 오일램프를 이용해 되도록 에너지를 적게 소비하는 공간으로 꾸몄어요.

손님이 커피를 주문하면 적정기술로 만든 핸드 커피 로스팅기에 원두를 넣어서 볶고, 그라인더로 직접 갈아요. 그리고 과학 실험실에 있는 실험 도구처럼 생긴 사이폰Syphon이라는 추출 도구를 이용해 진공여과 방식으로 커피를 내리고, 알코올램프에 성냥으로 불을 붙여서 물을 데워요. 또 야자껍질을 태워서 숯으로 만든 활성탄이 들어 있는 비전화 정수기로 물을 맑게 걸러내요. 이렇게 천천히, 느리게 운영하는 비전화 카페에는 없는 게 많아요. 전기를 쓰지 않으니 형광등과 냉장고가 없고 신용카드 단말기도 없어요. 하지만 고요하고 편안할 뿐 아니라 우리가 쉽게 누리는 편리에 대해 돌아보는 시간을 가질 수 있어요.

이 비전화 카페는 일본의 적정기술 발명가인 후지무라 야스유키(藤村靖之) 박사에게 깊은 영향과 가르침을 받았어요. 후지무라 박사는 2000년부터 전기와 화학물질에 의존하지 않고 자립적이고 지속적인 생활을 할 수 있는 적정기술과 일자리 개발, 인재 양성을 위해 노력하고 있어요. 2007년에는 일본 도치기현 나스에 있는 작은 마을에 '비전화공방(非電化工房) 테마파크'를 열었어요. 이곳에 가면 비전화 주택, 바이오 화장실, 전기를 사용하지 않는 냉장고, 바이오 필터를 이

▲◀ 숲속 오두막을 닮은 비전화 카페.
　▶ 커피콩을 볶는 커피 로스팅기.
▼◀ 커피를 내리는 사이폰은 과학 실험실의 실험 도구를 닮았다.
　▶ 야자껍질 활성탄으로 물을 정수하는 비전화 정수기.

용한 정수 장치, 유기농 농산물 재배, 자연에너지와 폐유를 이용한 에너지 공급 시스템 등 다양한 비전화 제품을 만날 수 있고 기술도 배울 수 있어요. 적정기술에 관심 있는 많은 사람들이 즐겨 찾고 있어요.

이처럼 적정기술은 도시에서도 쉽게 만날 수 있는 기술이 되었습니다. 대개 도시는 첨단 기술의 전시장이라고 할 만큼 다양한 기술이 구현되는 곳이지만 이 기술은 주로 화석연료와 전기를 에너지원으로 쓰면서 이산화탄소 배출과 기후변화 등의 환경문제를 일으켰어요. 또 에너지 과소비는 화석연료 고갈 위기와 미세먼지 배출, 도시 열섬현상, 빛 공해 같은 환경문제로 이어졌어요. 그러자 문제의식을 가진 사람들은 주변에서 쉽게 구할 수 있는 재료와 간단한 기술을 이용하여 생활을 보다 윤택하게 만드는 방법을 고민하기 시작했어요.

비전화 카페처럼 도시에서 전기와 화학물질 없는 삶을 실제 보여 주는 것은 매우 놀랍고도 의미 있는 실험이에요. 복잡한 도시에서도 적정기술을 다양하게 이용할 수 있고, 적정기술이 우리 생활에 매우 유용하게 쓰일 수 있다는 것을 증명하고 있으니까요.

적정기술의 역사

적정기술은 1965년 영국의 경제학자 에른스트 슈마허Ernst Schumacher가 칠레의 산티아고에서 열린 유네스코 회의에서 중간기술 Intermediate Technology이라는 개념으로 처음 제안했습니다. 이후 1973 년 슈마허가 쓴《작은 것이 아름답다》라는 유명한 책을 통해 중간기술 개념이 세상에 널리 알려졌어요.

슈마허는 중간기술이 개발도상국의 토착기술보다는 훨씬 우수하지만 선진국의 거대기술에 비해서는 값싸고 소박하다는 의미에서 '중간'이라고 표현했어요. 중간기술의 목표는 ① 사람들이 살고 있는 지역에 존재해야 하고, ② 일반적인 사용이 가능할 만큼 충분히 저렴해야 하며, ③ 희소 자원의 낭비가 적어야 하고, ④ 분산형 에너지를 사용해야 하며, ⑤ 상대적으로 간단한 기술과 현지 재료를 사용하고, ⑥ 일자리를 창출할 수 있는 기술로 이어져야 한다고 정의했어요.

슈마허는 선진국의 거대기술이 개발도상국의 환경을 고려하지 않고 곧바로 도입되어 그 나라와 마을에서 이어오던 고유한 기술과 문화를 파괴하는 등 여러 부작용을 낳았다고 생각했어요. 이것에 대한 대안으로 인간 중심의 기술인 중간기술을 주장했어요.

슈마허의 이런 생각은 인도의 비폭력 무저항 운동가이자 정신적 지도자인 마하트마 간디Mahatma Gandhi의 영향을 받았어요. 슈마허는 영국국립석탄협회의 경제 전문가로 20년 이상 활동했는데, 1955년에는 미얀마에서 유엔의 경제자문관으로 일했어요. 당시 소득이 낮은 미얀마 사람들이 행복하게 생활하는 것을 보고 매우 놀랐다고 해요. 자신이 알고 있던 서양의 경제학이 제3세계의 빈곤 문제에는 관심이 없을 뿐 아니라 해결할 수도 없다는 회의에 빠져 있기도 했어요. 그 무렵, 슈마허는 간디의 사상과 불교를 접하게 되었어요. 간디의 사상은 인도의 스와데시Swadeshi(힌디어로 모국[母國]) 전통에 바탕을 두고 있어요. 이것은 마을 공동체가 외부 시장에 경제적으로 의존하게 되면 공동체의 자립 경제가 매우 약해지는데, 이것을 막고 스스로 살 수 있도록 국산품을 애용하자는 운동이에요.

당시 인도의 대도시에는 영국에서 개발한 방적기계를 들여와 세운 대규모 공장들이 생겼는데, 이 공장에서 만든 제품들이 농촌으로 들어

▲ 간디와 물레.

오는 바람에 마을 사람들이 옷감을 짜고 옷을 만들어 입었던 직물 경제가 점점 사라지게 되었습니다. 그러자 간디는 물레를 사용하여 실을 뽑고 옷을 만드는 농촌의 가내 직물업을 되살려 야겠다고 생각했어요. 간디가 차르카라는 물레를 돌리면서 실을 만들어 전통 방식의 옷감을 짜는 모습은 전 세계 사람들에게 신선한 충격을 주었어요. 이것은 인도의 전통 기술을 이용하여 사람들을 생산에 직접 참여하게 하는 적정기술 운동의 상징이 되었어요.

간디의 영향으로 중간기술을 처음 제안하게 된 슈마허는 다음 해인 1966년 영국 런던에서 자신의 개념을 실현해보기로 했습니다. '중간기술 개발 집단Intermediate Technology Development Group'을 설립하고, 다양한 기술을 이용하여 개발도상국의 빈곤을 퇴치하는 활동을 시작했어요. 그러던 중에 중간기술이라는 이름 때문에 비난을 받는 일이 벌어졌어요. 중간기술이라는 이름이 자칫 열등하거나 저급한 기술인 것처럼 오해받을 수 있고, 기술의 발전은 정치·사회적 여러 원인과 매우 밀접하게 연관되어 있는데 이것과 상관없이 오직 기술만 강조하는 것처럼 보인다고 지적했어요. 그러자 슈마허는 이것의 대안으로 적정기술Appropriate Technology이라는 새로운 용어를 제시했어요.

그 후 영국과 미국에서는 적정기술에 관심을 가지고 연구하는 사람들이 늘어났어요. 1969년에는 존 토드John Todd가 미국 매사추세츠주에 신연금술연구소를 설립했고, 미국 캘리포니아에는 패럴론연구소가 문을 열었어요. 1973년 제라드 모건Gerard Morgan은 영국의 웨일스에 대안기술센터를 설립하여 토지 사용과 주거지, 에너지 보존과 사용, 음식과 건강, 쓰레기 관리와 재활용 같은 다양한 아이디어를 통합하여 실행할 수 있는 기술을 개발하기 위해 노력했어요.

1976년 미국 몬태나주는 국립적정기술센터를 설립하고 저소득층의 삶의 질을 높이기 위해 노력했어요. 당시 미국 저소득 가정의 가장 큰 걱정 중 하나가 에너지 비용 지출이었기 때문에 주로 대체 에너지 개발에 집중했어요. 이 무렵 캘리포니아주는 주정부 내에 적정기술국을 설치하기도 했어요. 이렇게 1970년대 후반까지 적정기술에 대한 인기가 정점을 찍었지만 여러 가지 비판이 나오면서 적정기술에 대한 관심은 한동안 시들했어요.

적정기술,
개발도상국을 찾아가다

　이후 적정기술이 재도약할 기회가 찾아왔습니다. 2000년 9월 유엔은 미국 뉴욕에서 열린 밀레니엄 정상회의에 모여 189개국 유엔 회원국들이 2015년까지 세계의 빈곤자 수를 현재보다 절반 수준으로 낮추겠다는 것을 포함한 개발 협력 목표를 담은 '새천년 선언'을 발표했어요. 이를 위해 국제사회가 함께 노력해야 할 8대 목표를 제시했어요. 이것은 유엔의 '새천년개발목표MDG, Millenium Development Goals'라고도 하는데, 국제사회가 합의하여 만들어낸 매우 중요한 공동의 약속이자 인류 공동의 목표가 되었어요.

　8대 목표는 절대 빈곤과 기아 퇴치, 보편적 초등교육의 실현, 양성평등과 여성 능력의 고양, 유아사망률 감소, 산모 건강의 증진, 에이즈·말라리아 등 질병 퇴치, 지속 가능한 환경 확보, 개발을 위한 국제 파트너십 구축이에요. 이 목표에는 적정기술을 직접 거론하지는 않았지만 8대 목표를 이루기 위한 21개 세부 목표를 보면 적정기술이 절실히 필요했어요.

예를 들어 "2015년까지 안전한 식수와 기본적인 위생 시설에 접근하지 못하는 인구 비율을 절반으로 줄인다"는 세부 목표를 달성하려면 앞서 설명한 큐 드럼과 라이프 스트로를 보급하는 게 매우 중요했어요. 또 "2015년까지 말라리아 및 다른 주요 질병의 발생을 막고 감소세로 전환시킨다"는 세부 목표를 이루려면 방충 모기장인 퍼머넷 Permanet을 보급하면 효과를 볼 수 있었어요. 가난한 아프리카 아이들은 굶주림뿐 아니라 늘 질병의 위협을 받고 있어요. 퍼머넷에는 살충제가 첨가되어 있어 말라리아를 감염시키는 모기가 모기장에 닿으면 죽지만 사람에게는 해가 없어 질병을 효과적으로 예방할 수 있어요.

이 외에도 빈 페트병에 물과 표백제를 넣어 지붕의 뚫린 구멍 사이에 끼우면 햇빛이 페트병의 물에 굴절되어 55와트 전구를 켜놓은 것처럼 밝아지는 페트병 태양 전등도 있어요. 매우 간단하지만 전기가 들어오지 않는 지역에서는 아주 쓸모 있어요. 우리나라 김만갑 교수가 개발한 지세이버G-Saver는 진흙과 맥반석, 산화철을 담은 20리터 크기의 축열기인데, 몽골 게르의 난로 위에 올려두면 열을 오랫동안 유지시켜 줘요. 온돌의 원리를 이용한 지세이버는 난로에 들어가는 연료를

적정기술

40퍼센트가량 줄여주고, 게르의 내부 평균온도를 5~10도 올려주기 때문에 추운 겨울을 나는 유목민들에게 매우 유용해요.

새천년개발목표가 발표되자 많은 사람들이 적정기술에 주목했어요. 이후 미국 매사추세츠 공과대학교와 스탠퍼드 대학교에서 적정기술 과목을 개설했고, 2007년 미국 뉴욕의 쿠퍼 휴이트 박물관에서는 '소외된 90퍼센트를 위한 디자인'이라는 유명한 전시회를 열어 적정기술이 대중들에게 보다 널리 알려졌어요.

참고로, 2015년까지 새천년개발목표를 마무리한 유엔과 국제사회는 2016년부터 2030년까지 함께 해결해야 할 지속가능개발목표SDGs, Sustainable Development Goals(또는 지속가능발전목표)를 다시 세우고, 17가지 목표와 169개 세부 목표를 정했어요. 내용은 빈곤 종식, 식량 농업, 보건 의료, 교육, 성평등, 물, 에너지, 경제·노동, 산업 혁신, 불평등 해소, 도시, 생산 소비, 기후변화, 해양생태계, 육상생태계, 평화·제도, 파트너십인데, 인류의 보편적 문제와 지구 환경문제, 경제·사회문제 등을 해결하기 위해 국제사회가 함께 노력한다는 거예요.

위기의 순간에도 적정기술이 빛났어요. 2011년 동일본대지진이 일어나 일본의 후쿠시마 원자력발전소가 폭발하는 사고가 벌어졌을 때도 적정기술을 활용했어요. 원전 사고가 나자 발전소 주변의 땅과 바다, 대기까지 방사성물질로 오염되었고,

나무와 LED 전구로 간단하게 만든 LED 스탠드.

단전과 단수로 전등을 켜거나 물을 마실 수도 없었어요. 그러자 사람들은 두루마리처럼 말 수 있는 태양광 패널을 이용하여 전등을 켜고, 휴대용 정수기로 마실 물을 구하고, 페달을 돌려 전기를 축전하는 장치를 이용했어요. 평소에는 공원 의자로 쓰다가 위급 상황에서는 변기로 활용할 수 있는 제품 등 다양한 적정기술 제품을 활용했어요.

그동안 적정기술은 개발도상국에 지원하는 기술이라고 여겼어요. 하지만 첨단 기술을 두루 갖춘 선진국 도시에서도 예기치 못한 재난과 위급 상황이 닥치면 매우 유용하다는 것이 증명되면서 적정기술에 대한 관심이 더욱 높아졌어요.

◀ 자전거 페달을 열심히 돌려서 에너지를 만드는 자전거 발전기.
▶ 태양열을 모아 음식을 익히는 태양열 조리기.

적정기술

내 손으로 만드는 즐거움

적정기술은 나라와 지역에 따라 활용하는 기술이 다르고, 기술을 가진 사람마다 다양한 견해가 있고, 세월이 흐르면서 기술이 변하고 더해지기도 합니다. 그러나 공통된 적정기술의 조건이 있습니다. 먼저 적정기술의 가장 큰 특징은 적은 비용이 든다는 점인데, 지역 주민들이 쉽게 구입할 수 있을 정도로 값이 싸야 해요. 가능하면 지역에서 나는 재료를 이용해요. 또 그 지역의 기술과 노동력을 활용함으로써 일자리를 창출해야 하고, 제품 크기는 적당하고 사용법은 간단해야 해요.

특정 분야의 지식이 없어도 이용할 수 있어야 하고, 지역 주민들이 스스로 만들 수 있어야 해요. 사람들이 힘을 모아 협동작업으로 만들 수 있어야 하고, 이 과정에서 지역사회 발전에도 공헌해야 해요. 적정기술 사용자가 기술을 이해할 수 있어야 하고, 사용자가 기술을 보완하고 수정할 수 있어야 해요. 또 상황에 맞게 바꿀 수 있어야 해요. 어떤 지역과 시대에서 적정했던 기술이 다른 지역에서는 적정하지 않을 수도 있으니까요. 이미 개발이 완성된 기술이라도 지리·문화·사회적 변화에 맞게 적용할 수 있는 유연성이 있어야 해요.

또 재생가능한 에너지 자원을 활용하는 게 좋아요. 우리나라 전기 공급 방식처럼 몇몇 발전소에서 많은 전기를 생산하여 전국에 보내는 중앙 집중형 에너지원이 아니라 태양광이나 풍력처럼 지역 곳곳에서 스스로 생산할 수 있는 분산형이면서 깨끗하고 무궁무진하고 재생가능한 에너지원을 활용해요. 그리고 지적재산권, 컨설팅 비용, 수입 관세 등이 포함되지 않아야 해요.

새롭게 개발한 적정기술이 이런 조건을 모두 충족하진 않더라도 이 기술을 통해서 지역 주민의 역량이 강화되거나 삶의 질이 높아지고, 새로운 일자리가 생긴다면 적정기술에 포함시킬 수도 있어요. 이런 조건을 두루 갖춘 적정기술은 지구와 환경을 살리고 점점 사라지는 공동체를 살릴 수 있어요. 그래서 적정기술은 지구를 살리는 기발한 물건에 당당히 이름을 올릴 수 있게 되었어요.

1980년대까지만 해도 우리나라 농촌에는 마을 공동체에서 내려오는 기술이 있었어요. 집집마다 재봉틀이 있어서 여인들은 옷을 수

선하거나 직접 만들고, 손뜨개와 자수 같은 손기술을 서로 배우고 가르쳐주면서 생활소품을 만들어 사용했어요. 가을에 타작을 한 뒤 남은 볏짚을 엮어 초가집의 지붕을 얹고, 가마니를 짜고 망태기와 소쿠리, 멍석 같은 짚풀 공예 기술로 생활에 필요한 물건을 만들었어요. 마을 청년 몇 명이 모이면 진흙을 이겨 벽돌을 찍고 나무 기둥을 깎아서 집을 한 채 지을 수 있었고, 동네 사람들이 이용하는 공동 우물을 파기도 했어요. 돌담이 무너지지 않게 차곡차곡 잘 쌓아서 집이나 밭의 경계를 만들고, 흙이 무너져 길이 끊어진 곳에는 돌을 깔고 그 위에 다시 흙을 덮어 사람들이 안전하게 걸어 다닐 수 있게 했어요.

이렇게 마을에서 필요한 기술이 마을 공동체 안에서 노인과 청년, 그리고 아이들에게 대대로 전해져서 웬만한 일은 외부의 도움이나 지원을 받지 않고도 해결할 수 있었어요. 지금 농촌에는 젊은 사람들이 도시로 떠나 노인들만 남고, 공장에서 대량으로 생산한 값싼 물건들이 흔해지면서 이런 생활기술은 점점 사라지고 있어요.

농촌이든 도시든 생활에 필요한 물건을 내 손으로 직접 만드는 일은 매우 중요합니다. 내가 직접 정성을 다해 만든 물건은 함부로 사용하지 않아요. 고장이 나도 수리하여 오래 사용하고 싶을 정도로 특별한 애정이 생겨요. 또 나만의 기술을 가지고 있으면 내 취향과 필요에 맞게 뚝딱뚝딱 만들거나 수리하여 편리하게 쓸 수 있어요. 쓰레기로 버리려던 것도 물건의 재료가 될 수 있다면 차곡차곡 모았다가 다시 사용하게 되니 자원을 아끼고 쓰레기 양도 부쩍 줄일 수 있어요. 더 나아가 자급자족할 능력이 있다면 외부에서 지원이 끊어지거나 예기치 못한 상황이 닥쳤을 때도 슬기롭게 극복할 수 있어요. 내가 가진 기술과 우리 공동체가 가지고 있는 적정기술이 만나면 지금 우리가 겪고 있는 여러 환경문제도 현명하고 지혜롭게 해법을 찾을 수 있을 거예요.

우리나라에서
적정기술을 만날 수 있는 곳

마을기술센터 핸즈
handz.or.kr

비전화공방 서울
noplug.kr

대안기술센터
atcenter.or.kr

전환기술사회적협동조합
www.kcot.kr

적정기술센터
cafe.naver.com/selfmadecenter

적정기술미래포럼
www.approtech.or.kr

대안에너지기술연구소
cafe.daum.net/shanthi.energy

흙부대 생활기술 네트워크
cafe.naver.com/earthbaghouse

**지구
일보**

2019년 3월 최악의 미세먼지가 닥쳐오자 공기청정기가 날개 달린 듯 팔렸다. 2017년 공기청정기 판매량은 221만 대를 기록했는데 2018년에는 314만 대로 무려 42퍼센트나 늘었다. 공기청정기는 이제 필수 가전제품으로 자리 잡았다. 그러나 공기청정기가 널리 보급되자 우려의 목소리도 나오고 있다.

▶ 과학기술로 환경문제를 해결할 수 있을까?

전국의 모든 가정과 사무실에서 공기청정기를 작동시키면 우리나라 전체 전기 소비량은 늘어날 수밖에 없다. 전기 소비량 증가는 더 많은 전기 발전을 필요로 하므로 미세먼지를 배출하는 화력발전소를 더 가동시켜야 한다. 결국 악순환의 고리에 빠질 수밖에 없다.

친환경 자동차로 인기 높은 전기 자동차 역시 비슷한 고민을 안고 있다. 전기로 충전하는 전기 자동차는 주행 중에 대기오염물질과 이산화탄소 등을 배출하지 않아 '친환경 자동차'라는 이름을 얻었다. 휘발유와 경유 같은 기름을 연료로 쓰는 일반 자동차는 기름값이 치솟을 때마다 고민에 빠지지만 전기로 충전하는 전기 자동차는 연료비 걱정이 없다. 그러나 지금보다 전기 자동차가 늘어나면 전기 소비량이 늘어나 상황이 달라질 수 있다.

2018년 12월 기준으로 우리나라 자동차 등록 대수는 2,320만 대나 되는데, 앞으로 이들 자동차가 모두 전기 자동차로 바뀐다면 전기 소비량 역시 폭발적으로 늘어날 것이다. 덩달아 화력발전소와 원자력발전소 같은 발전소를 더 가동시켜야 하고, 발전소를 가동하는 데 필요한 석유와 가스, 석탄, 우라늄 같은 연료도 더욱 많이 필요해진다. 새로운 발전소를 더 지어야 할 수도 있다.

우리는 과학기술의 발전 덕분에 편리한 생활을 누리고 있다. 사람의 손으로 일일이 해야 했던 노동을 가전제품이 대신해주고, 컴퓨터와 텔레비전, 스마트폰 덕분에 세상의 다양한 소식과 정보를 가만히 앉아서 손쉽게 접할 수 있다. 그러나 과학기술의 발전은 예기치 못한 피해로 이어지고 있다. 에너지 과소비는 기후변화 문제로 이어지고, 전자제품을 과도하게 이용하면 시력 저하와 전자파 피해 등 건강 문제도 생길 뿐 아니라 자원과 연료 고갈 문제, 전자제품 쓰레기의 증가 등 여러 환경문제를 일으키기도 한다.

한편, 미래에는 과학기술의 발전으로 태양전지 개발, 풍력, 지열 등 재생가능한 에너지원을 이용하여 새로운 에너지를 얻을 수 있으므로 지금 우리가 겪고 있는 여러 환경문제를 슬기롭게 해결할 수 있다고 주장하는 이들도 있다. 이들은 인류는 문제가 발생하면 이를 해결하기 위해 다양한 연구를 하기 때문에 앞으로 등장할 새로운 과학기술의 힘으로 충분히 해결할 수 있다고 주장한다. 과연 누구의 주장이 옳을까?

토론해보아요

1. 위의 글을 읽고 자신의 의견을 말해보세요. 과학기술로 환경문제를 해결할 수 있을지, 아니면 과학기술이 환경문제를 더욱 심화시킬지 예를 들어서 설명해보세요.

_____

_____

2. 만약 내가 과학자라면(또는 적정기술 연구자라면) 환경문제를 해결하기 위해 어떤 기발한 연구를 하고 싶은지 자신의 생각을 발표하고 친구들과 토론해보세요.

_____

_____

9

고갈 걱정 없는 안전한 에너지

태양전지

☀ 증어와 건달불

어느덧 해가 지고 있습니다. 밤이 되자 실내가 점점 어두워졌어요. 이제 전등을 켜야 할 시간이군요. 딸칵! 스위치를 누르자 그제야 환하게 밝아지면서 사물들이 또렷하게 눈에 들어왔어요. 이제 다시 하던 일을 계속할 수 있겠어요. 이 편리한 전기는 우리나라에 언제 들어왔을까요?

경복궁에 가면 향원정이라는 연못이 있습니다. 그 옛날 왕실 사람이 된 것처럼 연못 둘레를 한가롭게 거닐다 보면 작은 비석이 눈에 들어와요. 비석에는 '한국의 전기 발상지'라고 적혀 있어요. 고종황제의 어명으로 우리나라에서 처음으로 향원정 연못에 전기를 일으키는 발전소를 세웠다고 해요.

태양전지

1887년 3월 6일 저녁, 경복궁 안에 있는 건청궁에서 작은 불빛이 몇 번 깜빡이다가 밝은 불이 켜졌습니다. 당시 사람들이 쓰던 촛불이나 등잔불과는 비교할 수 없을 정도로 눈부시게 밝은 불빛이었어요. 이날은 우리나라 최초로 전등이 점화된 날이에요. 에디슨이 백열전등을 발견하고 8년이 지난 뒤 우리나라에 전기가 들어왔으니 매우 앞서 새로운 문물을 받아들인 거예요. 당시에는 전기와 전등이 매우 귀했기 때문에 설치하려면 큰돈이 필요했어요. 그래서 재력이 있는 궁궐에서 제일 먼저 전깃불을 켤 수 있었다고 해요.

▲
경복궁 향원정에는 한국의 전기 발상지를 알려주는 비석이 있다.

미국 에디슨 전기회사의 전기기사인 윌리엄 맥케이William Mckay가 직접 발전기를 조립하여 전등을 연결했고, 향원정 연못가에 발전설비를 세우고 연못의 물과 석탄을 연료로 발전기를 돌렸어요. 이때 기계 돌아가는 소리가 엄청나게 커서 천둥 치는 것 같았다고 해요. 발전기를 돌리면서 연못의 물 온도가 올라가는 바람에 죽은 물고기가 떼를 지어 떠올랐어요. 그러자 사람들은 전등을 물고기를 끓인다는 뜻으로 '증어(蒸魚)'라고 불렀고, 전등이 자주 꺼지고 비용이 많이 들어가는 게 꼭 건달 같다고 해서 '건달불(乾達火)'이라 부르기도 했대요.

그 후 전기는 빠르게 보급되었어요. 1898년 우리나라 최초의 전력회사인 한성전기회사(지금의 한국전력)가 설립되고 서울 시내의 전등, 전차, 전화 사업을 시작하면서 가게와 사무실뿐 아니라 가정에서도 전기를 쓰게 되었어요. 당시 등잔불이나 호롱불, 촛불을 켜고 살던 사람들이 밝은 전등을 보고 얼마나 놀랐을까요? 신기한 표정으로 전등을 바라보았을 사람들의 얼굴, 상상만 해도 재밌지 않나요?

1899년 5월 4일에는 전기로 움직이는 전차가 처음 시험 운행을 했는데, 동대문과 홍화문(지금의 서대문) 구간을 처음으로 달렸어요. 당시 서울에는 인력거와 자전거가 대중교통의 전부였는데 전차의 등장은 정말 놀라운 일이었어요. 전차 정거장이 따로 없어 골목 어귀에서 기다리다가 손을 번쩍 들면 전차가 멈췄고, 차비는 엽전 5전이었어요.

한성전기회사는 동대문 발전소에 200킬로와트 발전설비를 세워 전차와 전등에 전기를 공급하면서 본격적인 사업을 시작했어요. 1900년 4월 10일에는 길거리에 조명용 전등이 처음으로 등장했는데, 야간에도 전차를 운행하려고 민간 조명용 전등을 설치했어요. 이 전등은 요즘 가로등과는 다르다고 해요. 1903년 한성전기회사는 한강변에 용산 발전소도 만들어 250킬로와트 발전기 2대로 전기를 일으켰는데, 시설을 점점 키워서 서울에서 가장 큰 발전소를 운영하기도 했어요. 이후 부전강과 장진강, 허천강, 압록강 등에 대규모 수력발전소를 건설하여 더욱 많은 전기를 생산했고 전기 보급은 점점 더 확대되었어요.

▲
1900년대 서울을 달리던 전차.

☀ 전기 발전의 고민

우리는 전기 없는 생활을 상상할 수 없을 정도로 생활 곳곳에 이용하고 있어요. 만약 지금부터 한 시간가량 정전이 되면 어떤 일이 벌어질까요? 가장 먼저 전등이 모두 꺼지고 가전제품도 모두 먹통이 되고 말겠지요. 식사를 준비하고 있었다면 밥을 못 먹게 될 수 있고, 냉장고 안의 음식들은 서서히 상할 거예요. 여름이라면 선풍기와 에어컨이 멈춰버려서 더위에 시달리고, 겨울이라면 보일러가 작동하지 않아 오들오들 떨게 되겠죠. 병원 수술실에서는 환자의 생명이 위험해질 수 있고, 공장에서는 설비가 멈춰버려서 생산을 하지 못해 큰 손실을 보게 될 거예요. 거리에선 교통 신호등이 꺼져버려서 곳곳에서 교통사고가 일어날 거예요.

태양전지

지금 우리가 쓰는 전기는 화력발전과 원자력발전이 많은 부분을 차지하고 있고, 수력발전과 열병합발전, 신재생에너지로도 생산하고 있어요. 전기는 매우 중요하고 편리하지만 여러 가지 문제점을 안고 있어요. 화력발전은 발전소에서 냉각수로 사용한 뒤 버리는 온배수가 수중생물에 큰 영향을 미쳐요. 최근에 가장 큰 대기오염의 원인이 되는 미세먼지를 내뿜을 뿐 아니라 석탄 찌꺼기를 남겨요. 또 화력발전은 석탄과 석유 같은 화석연료를 원료로 하여 전기를 일으키는데 이런 자원은 한정되어 있기 때문에 지금처럼 많이 사용하면 언젠가 고갈될 거예요.

더 눈여겨봐야 할 것은 원자력발전입니다. 원자력발전은 우라늄을 핵분열(核分裂, 하나의 원자핵이 여러 개의 작은 핵들로 쪼개지는 현상)시켜 전기를 일으키는데, 이 과정에서 매우 강한 독성을 가진 방사성물질을 내뿜어요. 그래서 원자력발전소에서 사고가 나면 엄청난 피해를 입을 수밖에 없어요. 실제 이런 일이 일본에서 일어났어요.

2011년 3월 11일 동일본대지진이 일어났어요. 일본 동북 지방의 태평양 앞바다 24킬로미터에서 규모 9.0 초대형 지진이 났어요. 곧이어 거대한 지진해일이 일본 열도로 밀려와 해안가의 건물과 도로, 논밭, 자동차 등을 단숨에 휩쓸어버렸어요. 지진해일은 최대 파고 38.9미터나 되는 엄청난 높이로 밀어닥쳤고, 내륙 10킬로미터까지 바닷물이 밀려와 마을을 초토화시켜 버렸지요.

이어서 해안가에 있던 후쿠시마 원자력발전소가 거대한 연기와 함께 폭발했어요. 원자력발전소 안에서 원자로를 냉각시키는 전력 공급 시설이 지진으로 파괴되자 전기 공급이 중단되었고, 원자로 내부의 열이 뜨겁게 달아올라 원자로가 녹아버렸기 때문이에요. 이렇게 원자력발전소 4기가 차례차례 폭발하면서 독성이 매우 강한 방사성물질이 사방으로 퍼져나갔어요.

그러자 발전소를 중심으로 20~30킬로미터 이내에 사는 주민들에게는 긴급 대피령이 내려졌어요. 방사성물질에 피폭되지 않으려면 원자력발전소에서 30킬로미터 밖으로 최대한 빨리 달아나야 했어요. 세슘, 요오드 같은 방사성물질은 눈에 보이지 않고 색깔과 냄새도 없지만 매우 강력한 독성을 가지고 있어서 우리 몸에 닿거나 호흡기와 피부, 음식 등을 통해 몸속으로 들어오면 암과 유전병(불임, 유산, 선천성 기형, 지능저하 등의 생식계통 질환 등), 심장병, 백내장, 신장병 같은 병에 걸리고, 심하면 목숨을 잃을 정도로 매우 위험해요. 만약 임산부가 방사능에 피폭되었다면 태아도 위험해요.

동일본대지진과 후쿠시마 원전 폭발 사고로 일본의 미야기와 후쿠시마, 이와테현을 중심으로 1만 5,000여 명이 숨지고 2,000명이 넘는 사람들이 실종됐어요. 그 후 정신적 고통으로 자살하거나 병들어 죽은 사람까지 포함하면 희생자는 2만 명이 넘는다고 해요. 지진해일에 침수된 땅과 피해를 입은 농지, 어선 피해까지 피해 규모는 정말 어마어마했어요. 무사히 대피를 한 사람들도 집과 학교, 일터로 돌아가지 못하고 임시 주택이나 친척집 등에서 살고 있고, 언제쯤 정든 마을과 고향으로 돌아갈 수 있을지 알 수 없어요.

후쿠시마 원전의 녹아버린 핵연료에서는 여전히 방사성물질이 나오고 있고, 작업을 완료하려면 40년이나 걸릴 거라고 해요. 1986년 4월 26일 러시아 체르노빌에서도 원자력발전소가 폭발하는 사고가 있었는데, 사고가 난 지 30년이 지났지만 체르노빌 사람들은 지금도 고향으로 돌아가지 못하고 있어요.

우리나라에도 원자력발전소 23기(2019년 6월 현재)가 전기를 생산하고 있고, 우리가 쓰는 전기 소비량의 30퍼센트 이상을 차지하고 있어요. 우리나라에서 지진이 일어나면 뉴스에선 언제나 원자력발전소가 안전한지, 정상 가동하고 있는지를 함께 알려주고 있어요. 그만큼 자연재해의 피해가 크기 때문이에요. 발전을 하고 난 뒤 남은 핵폐기물도 큰 골칫거리예요.

▲ 2012년 서울 시청 광장에서 열린 후쿠시마 사고 1주기 행사에서 아이들이 퍼포먼스를 하고 있다.

핵폐기물에서도 위험한 방사성물질이 계속 나오는데, 폐기물의 종류에 따라 반감기(半減期, 방사성물질의 초당 붕괴 수가 반으로 줄어드는 데 필요한 시간)가 달라요. 고준위 핵폐기물의 경우 반감기는 10만 년 이상 100만 년이나 되기 때문에 독성이 사라질 때까지 안전하게 보관해야 하는데, 세계 어느 나라도 핵폐기물을 최종으로 안전하게 처리하는 기술을 개발한 곳은 아직 없어요. 지금은 발전소 안이나 핵폐기장에 보관하고만 있을 뿐이에요. 이 문제는 후손들에게 큰 부담을 줄 거예요. 전기는 지금 우리가 쓰고 있지만 미래의 후손들은 조상들이 쓰고 버린 매우 위험한 핵폐기물을 떠안아야 하니까요. 미래 세대들은 지금 우리를 어떻게 생각할까요? 이것은 환경문제를 넘어 윤리문제이기도 해요.

◀ 위험한 핵발전보다는 깨끗하고 안전한 전기를
　 쓰자며 탈핵을 주장하는 사람들이 늘고 있다.

태양전지와 친환경 에너지

이제는 이런 위협에서 벗어나 안전하고 깨끗한 전기를 쓰고 싶어요. 이 문제를 해결할 방법은 무엇일까요? 안전하고 깨끗하고 고갈 걱정 없는 무궁무진한 에너지는 과연 뭘까요? 그것은 바로 태양입니다. 하늘에 떠 있는 태양에서 에너지를 얻고 전기를 일으킬 수 있습니다. 태양광발전은 석탄이나 석유, 천연가스 같은 화석연료처럼 이산화탄소를 배출하지 않고, 원자력발전처럼 독성이 강한 방사성물질을 내뿜지도 않기 때문에 친환경 무공해 에너지예요.

육지나 바다, 두메산골, 섬 등 햇빛이 있는 곳이라면 어디서나 전기를 생산할 수 있는 무한한 자원이고, 지구에서 사용할 수 있는 에너지원 가운데 가장 풍부해요. 지구 어디서나 날마다 해가 떠오르니까요. 석탄이나 우라늄처럼 먼 곳에서 싣고 오거나 저장 시설에 따로 저장할 필요도 없고, 쓰레기를 만들지도 않아요.

태양에너지를 얻으려면 태양전지가 필요합니다. 태양전지는 빛에너지를 전기에너지로 바꾸는 일을 해요. 반도체가 빛을 받으면 전자와 정공이 발생하여 양극과 음극이 만들어지는데, 이 전극이 외부 회로와 접속되어 있으면 전류가 흘러요. 이 태양전지는 안전하고 한 번 설치하면 25~30년 동안 쓸 수 있고, 유지 보수 같은 관리도 쉬운 편이에요. 태양전지의 기본 단위는 셀cell이라고 하는데, 이 셀들을 연결한 것이 모듈이에요. 전기를 생산하려면 이 모듈이 필요해요. 모듈들을 연결하여 설치하면 태양발전 어레이가 됩니다. 태양전지로 전기를 생산하려면 큰 어레이와 이것을 설치할 넓은 공간이 필요해요.

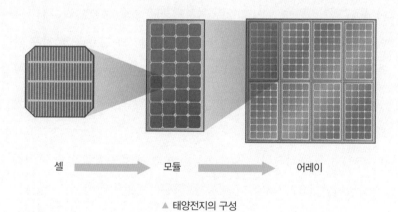

셀 ➡ 모듈 ➡ 어레이

▲ 태양전지의 구성

태양광에너지를 처음 발견한 것은 1839년 프랑스 물리학자인 알렉상드르 에드몽 베크렐Alexandre-Edmond Becquerel이에요. 베크렐은 특정 물질이 빛을 흡수하여 자유롭게 움직이는 광전자를 방출할 수 있다는 광전효과를 발견했어요. 그 후 1870년대 독일의 물리학자인 하인리히 헤르츠Heinrich Hertz는 금속에 빛을 비추자 전류가 발생하는 현상을 발견했어요. 헤르츠는 그 뒤 10년에 걸쳐 셀레늄으로 PV전지를 만들었는데, 이 셀레늄 전지는 겨우 1~2퍼센트만을 빛에서 전기로 전환시켰어요. 당시 사람들은 값이 싼 석탄을 연료로 쓰고 있었기 때문에 태양광을 전력으로 쓰기엔 너무 복잡하고 비싸고 효율도 높지 않아 널리 보급되지 않았어요.

1950년대 중반까지 이 기술은 그저 과학자들의 호기심 정도로 남아 있었어요. 그러다 1954년 미국 벨 연구소의 과학자 팀이 실리콘 태양전지를 개발하면서 새로운 길이 열렸어요. 1958년 미국에서 쏘아 올린 뱅가드Vanguard 1호 인공위성에 처음으로 태양전지 6개를 달았어요. 지구 궤도를 도는 인공위성에도 에너지가 필요한데, 지구 밖 우주에서도 태양에너지를 이용할 수 있어요. 그 후 대부분의 인공위성과 달 탐사선, 화성 탐사선 같은 우주선에는 태양전지를 달아서 동력을 얻게 되었어요.

1973년 석유 가격이 갑자기 폭등하여 전 세계가 깜짝 놀란 오일쇼크가 일어났어요. 그러자 더 이상 석유에만 의존해서 살 수는 없다는 인식이 퍼지면서 석유의 대안으로 태양에너지를 주목하기 시작했어요. 이후 태양광과 태양열에 대한 연구 개발이 더욱 활발해졌어요. 이 무렵 태양광에너지는 높은 산과 섬, 초원, 바닷가 등과 같이 전기설비가 들어서기 힘든 외딴 지역에서 전기를 생산하고, 마실 물을 끌어오는 일에 주로 쓰였어요. 그러다 계산기와 시계, 휴대용 라디오, CD플레이어 같은 생활 가전제품으로 점점 넓어졌어요. 그 후 태양전지 기술이 발전하면서 가격이 낮아지자, 마을과 도시에도 지붕이나 베란다에 태양광 패널을 설치한 집들이 늘어났어요. 또 아파트와 주택단지, 공공건물, 도시 전체, 그리고 국가 차원에서 태양광발전을 지원하는 곳도 점점 늘어나고 있어요.

▼ 주차장 지붕에 설치한 태양전지.

태양전지의 지구 점령기

말, 양, 염소 들이 한가롭게 풀을 뜯는 몽골 초원 한가운데에는 유목민이 사는 게르가 있습니다. 이 게르에서 필요한 전기는 태양광 패널에서 얻어요. 끝없이 펼쳐진 몽골 초원에는 전봇대와 전깃줄 같은 기반 시설을 갖추기가 힘드니까요. 이럴 땐 태양광이 최고예요. 비가 자주 내리지 않는 초원에는 태양광이 매우 풍부하거든요. 이사를 할 때도 게르를 접고 태양광 패널을 말이나 낙타의 등에 싣고 간편하게 이동할 수 있어요. 페루와 볼리비아 사이에 있는 드넓은 티티카카 호수 위 갈대 섬에서 살고 있는 우르스족도 태양에서 전기를 얻고, 히말라야 중턱에 사는 네팔 사람들도, 북극과 남극에서도 태양광을 이용하고 있어요. 태양은 지구 어디서나 골고루 비추니까요.

▲ 몽골 게르에 설치한 태양전지.

태양광은 더욱 기발한 방법으로 발전하고 있습니다. 태양광 자동차를 타고 세계 일주에 도전한 사람이 등장했어요. 2008년 스위스에 사는 루이 팔머 씨는 태양광 자동차를 타고 세계 일주 여행에 성공했어요. 스위스 루체른을 출발해서 유럽과 중동, 인도, 뉴질랜드, 호주, 중국을 지나 세계 38개국 5만 2,000킬로미터

사진 | 연합뉴스

▲ 태양광 자동차와 루이 팔머 씨.

를 17개월 동안 달렸어요. 그중 26번째로 우리나라를 방문하기도 했어요. 팔머 씨가 탄 자동차 솔라 택시Solar Taxi에는 고효율 태양전지판을 붙인 트레일러가 연결되어 있는데 시속 90킬로미터를 달릴 수 있어요. 팔머 씨는 석유를 단 한 방울도 사용하지 않고 오직 태양에너지만으로 세계 일주를 한 놀라운 기록을 세웠어요.

하늘에선 태양광 비행기가 세계 일주에 성공했습니다. 비행기의 날개에 붙어 있는 태양전지 1만 7,248개에서 동력을 얻는 솔라 임펄스2Solar Impulse2는 세계 최초로 태양에너지만으로 지구를 한 바퀴 도는 데 성공했어요. 2015년 3월 아랍에미리트의 아부다비를 출발해서 아시아와 북아메리카, 유럽, 아프리카를 거쳐 태평양과 대서양을 가

태양전지

로지르며 총 4만 2,000킬로미터를 날았어요. 도중에 비행기 기체를 정비하느라 예정보다 늦어져 505일이나 걸렸지만, 이렇게 긴 비행을 하는 동안 석유 같은 화석연료는 전혀 쓰지 않고 오로지 태양의 힘으로만 날았어요.

인도 남부 케랄라주에 있는 코친국제공항은 세계 최초로 100퍼센트 태양광 시스템으로 운영하고 있어요. 2013년 여객터미널에 태양광 시스템을 도입했는데 2015년에는 이것을 공항 전체로 확장했어요. 18만 제곱미터가 넘는 땅에 4만 6,150개의 태양광 패널을 설치했는데, 이 지역은 우기에도 하루 평균 5시간 태양이 떠서 일조량이 풍부한 곳이라고 해요.

2016년 말 프랑스 파리에서 서쪽으로 150킬로미터 떨어진 작은 마을 투루브르에는 태양광 도로가 개통됐어요. 도로 1킬로미터 거리에 태양전지를 깔았는데, 전체 넓이 2,800제곱미터에서 생산하는 하루 평균 발전량은 790킬로와트예요. 이 전기는 5,000명이 사는 마을에 가로등 같은 공공 조명을 켜는 데 필요한 발전량과 같다고 해요.

태양광 도로는 대형 트럭이 지나가도 끄떡없을 정도로 튼튼해요. 넓은 도로에서 전기 발전을 하면 태양광 발전소를 세우기 위해 넓은 땅을 따로 구할 필요가 없다는 것이 매우 큰 장점이에요. 하지만 건물에 설치하는 태양광발전보다 발전 비용이 매우 비싼 것은 단점이에요.

또 다른 분야에서도 태양광을 활용하고 있어요. 새를 연구하는 연구자들은 먼 거리를 이동하는 새의 이동 경로를 연구하기 위해 뻐꾸기의 등에 초소형 위성 추적 장치를 붙였어요. 이 장치의 무게는 4.5그램으로 새에게 부담을 주지 않을 정도로 매우 가벼운데, 태양전지로 작동하여 새의 위치 정보를 위성으로 발신하고 있어요. 이 장치 덕분에 연구자들은 새의 이동 경로를 실시간으로 알 수 있어요. 태양전지가 계속 에너지를 생산하기 때문에 새를 다시 잡아서 전지를 갈 필요도 없어요.

태양전지

태양전지의 대활약

한편, 개인이 태양광 발전소를 세워 전기를 생산하고 판매하는 에너지 생산자도 늘고 있습니다. 태양광 발전설비를 설치하면 25~30년 이상 전력을 생산할 수 있고, 특별한 기술 없이도 운영할 수 있어요. 안정적인 판매처도 있어서 노후 대비를 위해 발전소를 세우는 사람들도 있어요. 발전소의 위치는 햇빛이 잘 드는 남향이어야 하고, 도로와 전봇대가 가깝고, 주변에 사는 사람이나 마을 사람에게 피해를 주지 않는 곳이라야 해요. 그러나 태양광 발전소를 세우기 위해 나무를 자르고 비탈진 산을 깎으면서 지역 주민들과 태양광 발전업자 사이에 갈등이 벌어지고 있어요. 결국 이것이 친환경 에너지인가 하는 논쟁도 곳곳에서 벌어지고 있어요.

태양전지는 놀라울 정도로 빠르게 성장하고 있습니다. 지금까지 우리가 알고 있는 태양전지는 지붕이나 벽면에 고정된 크고 평평한 모양이었지만 휘어지는 것, 접었다 펼 수 있는 것, 가방에 넣어 휴대 가능한 것도 개발되었어요. 지붕의 기와 대신 설치할 수 있는 태양전지도 있고, 유리창에 끼울 수 있는 투명한 태양전지뿐 아니라 해바라기처럼 태양을 따라 자동으로 이동하는 태양전지도 있어요.

태양전지의 단점도 있어요. 햇빛이 비치는 낮에만 전기를 생산할 수 있고, 주변의 건물이나 높은 산 때문에 그림자가 생기는 곳, 안개

▲ 곳곳에 설치한 태양전지가 전기를 만들고 있다.

가 자주 끼는 곳, 눈비가 잦은 지역에서는 발전 효율이 떨어져요. 가정용 미니 태양광은 햇빛이 잘 드는 곳 어디에나 설치할 수 있지만 규모가 큰 태양광 발전소의 발전설비는 계통연계, 지목, 허가 등 여러 부분을 세심하게 고려해서 설치해야 해요. 또 태양광 발전설비의 필수품인 모듈과 인버터, 생산한 전기를 모아두는 축전지 등을 구입하는 초기 비용은 여전히 비싼 편이에요. 그래서 태양광을 설치할 때 지방정부의 보조금 등을 이용하는 경우가 많아요. 또 태양광으로 많은 전기를 생산하려면 그만큼 태양광 패널을 많이 설치해야 해서 아주 넓은 땅이나 공간이 필요해요.

여기서 잠깐, 태양을 이용한 에너지 생산은 태양광발전과 태양열발전 두 가지가 있어요. 태양광발전은 태양전지를 이용하여 태양빛을 모아서 전기로 바꾸어 전기에너지를 생산해요. 태양열발전은 태양열 집열판을 통해서 뜨거운 태양의 열을 모아서 물을 따뜻하게 데워 난방이나 온수로 사용하거나 태양열로 물을 끓여 그 증기로 터빈을 돌려서 전기를 생산하기도 해요.

태양전지가 지구를 살리는 발명품이 된 까닭은 점점 심각해지는 기후변화 시대를 극복할 수 있는 가장 놀랍고도 뛰어난 대안이기 때문이에요. 북극의 빙하가 녹고 해수면이 높아지면서 태평양의 섬들이 가라앉고 있다고 알려진 기후변화는 먼 곳에서 일어나는 기이한 현상이 아니라 한반도에 사는 우리에게도 현실로 다가왔어요. 2018년 8

월에는 한낮 기온이 무려 41도까지 올라 기상관측 이래 가장 더운 날을 기록했고, 전국이 가마솥처럼 펄펄 끓었어요. 이렇게 역대 기록을 모두 갈아 치운 폭염과 큰 피해를 입힌 10월 태풍, 극심한 봄 가뭄 등 예기치 못한 현상이 이어지고 있어요.

2015년 프랑스 파리에서 열린 '유엔 기후변화협약 당사국 총회'에서는 2020년부터 개발도상국을 포함한 196개국 모두가 예외 없이 온실가스를 줄이자는 신기후체제를 약속했어요. 각 나라마다 온실가스 감축 목표를 세우고 5년마다 이행 상황을 점검하기로 했어요. 그만큼 기후변화는 더 이상 미룰 수 없는 절박한 문제예요.

그러자 이산화탄소를 배출하는 화석연료 소비에서 벗어나기 위해 각 나라마다 재생가능 에너지를 빠르게 보급하고 있어요. 독일은 마을과 도시별로 100퍼센트 재생가능 에너지를 이용하는 재생가능 에너지 프로젝트를 진행하고 있고, 2016년 5월 포르투갈은 나흘 동안 나라 전체에서 사용하는 에너지를 화석연료가 아닌 태양과 풍력, 수력 등 100퍼센트 재생가능한 에너지로만 공급했어요. 예전에 포르투갈도 이산화탄소 배출을 많이 하는 나라였지만 온실가스 배출을 줄이기 위해 국가 차원에서 대대적인 노력을 기울이고 있다고 해요. 최근 몇 년 사이 중국은 태양광 패널을 가장 많이 보급하면서 재생가능 에너지 분야에서 놀랄 만한 성장을 계속하고 있어요.

우리나라도 발 빠르게 움직이고 있어요. 서울시는 2012년부터 원전하나줄이기 정책을 추진하고 있는데, 시민들과 함께 에너지를 절약하고 신재생에너지로 전기를 직접 생산하여 원자력발전소 1기에서 생산하는 200만TOETonnage of Oil Equivalent(여러 가지 단위로 표시되는 각종 에너지원[kl, t, ㎥, kW 등]을 원유 1톤이 발열하는 칼로리를 기준으로 표준화한 단위)만큼 에너지를 줄이는 사업을 진행하고 있어요. 2017년에 이미 230만TOE를 달성했고 2020년까지 400만TOE를 목표로 가정마다 미니 태양광 보급, 에너지 절약 캠페인, 노후 건물의 에너지 효율 높이기, 마을이 함께 에너지를 절약하는 에너지자립마을 100곳 조성, 에너지 빈곤층 지원, 주택과 공공건물 등 100만 가구에 태양광 발전기 보급 등 다양한 사업을 벌이고 있어요. 수원과 안산, 전주, 광주 등 전국의 도시들도 태양광을 비롯한 신재생에너지를 보급하기 위해 다양한 노력을 하고 있어요.

이처럼 기후변화 시대를 함께 극복하고 더 나은 지구를 만드는 길에는 태양전지의 활약을 빼놓을 수 없어요. 지구를 살리는 물건 중 가장 놀랍고도 기발한 태양전지는 전 세계 곳곳에서 더욱 눈부신 활약을 하고 있어요.

지구일보

친환경 청정에너지로 알려진 태양광 발전소가 전국 곳곳에 들어서면서 다양한 부작용이 잇따르고 있다. 태양광 발전소를 조성하기 위해 수십 년간 울창하게 자란 숲을 훼손하는 환경 파괴 사례가 늘고 있고, 경관 훼손뿐 아니라 산사태 같은 심각한 피해도 일어나면서 사회적 갈등으로 이어지고 있다.

▶ 태양광, 과연 친환경 에너지인가?

2019년 4월 충남 공주시 정안면 장원리에서는 산을 깎는 대규모 토목공사가 시작됐다. 태양광발전 시설 부지와 가까운 곳에 사는 주민에 따르면 수천 그루가 넘는 나무를 벌목하면서 발생하는 소음과 분진으로 큰 피해를 입고 있다고 한다. 공사 현장에서 불과 50미터 거리에 살고 있는 주민들은 공사가 시작되기 전까지 누구도 태양광발전 시설이 들어선다는 사실을 알지 못했다고 한다.

이처럼 전국 곳곳에 태양광발전 시설이 들어서면서 울창한 나무들을 베어내어 아름다운 마을의 경관이 파괴될 뿐 아니라 산지 훼손, 산사태, 토사 유출 같은 피해로 이어지고 있다. 전문가에 따르면 산지에 태양광 발전소를 세우면서 토양을 잡아주는 역할을 하는 나무를 베어내기 때문에 집중호우가 쏟아질 때 산사태 우려가 커진다고 한다. 실제로 이런 일이 벌어지고 말았다.

2018년 7월 3일 오전 2시 무렵 경북 청도군 매전면의 태양광발전 설치 지역(총면적 2만 8,700제곱미터)에서 산사태가 발생하여 1만 4,000제곱미터 땅이 무너졌다. 나무 30여 그루와 흙이 국도 58호선 도로에 쏟아졌고 이곳에 설치했던 태양광 패널도 일부 유실되고 말았다. 청도 지역에는 태풍 '쁘라삐룬'의 영향으로 전날부터 61밀리미터 정도의 비가 내렸는데, 인적이 드문 심야 시간에 산사태가 일어나서 다행히 인명 피해는 없었지만 큰 사고로 이어질 뻔했다.

충북 제천시 금성면에서는 태양광 발전소 공사 현장에 쌓아

놓은 토사 일부가 집중호우 때 인근 농경지로 쓸려 내려와 농작물에 큰 피해를 입혔다. 공사 현장 인근에 있는 하천에도 토사가 흘러들어 수질이 탁해지고, 많은 양의 침전물이 하천 바닥에 쌓이면서 집중호우 때 범람이 우려된다는 주민들의 민원이 빗발치기도 했다.

이처럼 주민들에게 큰 피해를 입히고 있지만 태양광발전 시설을 세우는 과정에서 주민들의 동의를 얻지 않고 일방적으로 추진하는 곳도 적지 않아 비판의 목소리가 높아지고 있다. 자신이 사는 마을에 태양광발전 시설이 들어서는 것을 반대하는 주민들은 현수막을 걸고, 허가를 내준 지방자치단체에 찾아가 항의하는 사례도 늘고 있다. 산림청에 따르면 산림 태양광발전 시설 허가 면적은 2010년 30헥타르에서 2017년 말에는 1,431헥타르로 48배가량이나 급증했다.

정부가 탈원전 정책을 시행하면서 태양광발전을 비롯한 신재생에너지가 늘어나는 것은 다행이지만, 이처럼 안전을 무시한 채 야산에 마구잡이로 건설되고 있는 태양광발전이 과연 진정한 친환경 에너지라고 할 수 있는지 의문이다.

토론해보아요

1. 위의 글을 읽고 자신의 의견을 말해보세요. 만약 내가 지역 주민이라면, 태양광발전 시설 회사의 사장이라면 어떤 주장을 펴고 싶은지 토론해보세요.

_____

_____

2. 친환경 에너지는 어떤 조건을 갖추어야 하는지 자신의 생각을 말해보세요.

_____

_____

10

온실가스를 내뿜지 않는 친환경 집

패시브 하우스

좋은 집이란 뭘까?

웃풍을 아시나요? 집 안에 있는 모든 문을 꼭꼭 잠그고 보일러를 돌렸어요. 방바닥에 깔아둔 두꺼운 이불 안에 손을 넣자 이제 좀 온기가 감돌아요. 이불 안에 몸을 쏙 집어넣었어요. 몸은 따뜻해지는데 코는 여전히 맹맹하고 얼굴이 시려요. 방바닥은 따뜻하지만 방 안의 공기에는 냉기가 감돌아요. 창문이 열려 있는 걸까요? 여기저기 둘러봐도 문은 잘 닫혀 있는데 무슨 일일까요?

방 안에 감도는 이런 차가운 기운을 웃풍이라고 합니다. 아파트에서는 좀처럼 웃풍을 느끼기 어렵지만 단독주택이나 오래된 집은 겨울이 오면 웃풍이 심해요. 방문과 창문에 문풍지와 뽁뽁이(난방용 비닐)를 붙이고, 보일러를 열심히 돌려도 어디선가 찬바람이 '슝슝' 들어와요. 건물의 벽과 지붕이 얇거나 낡고 창문틀의 틈새가 벌어지면 그 틈을 비집고 찬 기운이 실내로 들어옵니다. 이런 집은 실내에 있지만 마치 바깥에 있는 것처럼 으실으실 추워요. 보일러를 가동하거나 난로에 불을 지펴도 온기가 실내에 머물지 못하고 바깥으로 빠져나가 버려요.

여름 더위도 마찬가지예요. 건물이 튼튼하지 않으면 여름날의 푹푹 찌는 더위가 고스란히 실내로 들어와요. 선풍기 바람도 소용없고 에어컨을 작동시켜도 냉기가 오래 머물지 못해요. 모든 사람들의 바람은 겨울엔 따뜻한 집에서 지내고 여름은 시원하고 쾌적하게 지내는 거예요. 요즘엔 이것을 '난방 복지', '냉방 복지'라고 하는데 날씨가 예측하기 어려울 정도로 변화무쌍해진 기후변화 시대에는 이런 복지가 더욱 중요해졌어요.

보금자리라는 말을 아나요? 우리말인 보금자리는 살기에 편안하고 아늑한 곳이라는 뜻이에요. 새들에게는 둥지가 있고, 겨울잠을 자는 반달곰에게는 동면굴이 있고, 벌에게는 벌집이 있어요. 이처럼 모든 야생동물에게는 서식지와 은신처가 있지요. 살아 움직이는 모든 생명에게 집은 편안하고 아늑한 잠자리이자 휴식처이고, 자신이 소중하게 여기는 것을 보관하는 최고의 안식처예요.

그렇다면 좋은 집이란 뭘까요? 화려한 집? 비싼 집? 따뜻하고 시원하고 편안해서 머물고 싶은 집, 추위와 더위로부터 몸을 보호할 수 있는 집, 잠을 푹 자고 충분히 휴식한 뒤 다시 털고 일어나 활기차게 살 수 있게 해주는 곳이 바로 좋은 집이에요. 집이 낡았거나 소음, 매연이 들어오고, 전자파나 라돈 같은 유해물질에 노출되어 있어 불안하고 불편하면 생활이 매우 힘들어져요. 사람이 살아가는 데 꼭 필요한 세 가지, 의식주 가운데 집이 들어 있는 것도 그만큼 집이 중요하기 때문이에요.

사계절 기후가 뚜렷한 온대 지방에 자리 잡고 있는 우리나라는 시기별로 계절의 변화를 잘 느낄 수 있고, 다양한 작물을 재배할 수 있는 등 좋은 조건을 두루 갖추고 있어요. 그러나 봄과 가을은 날씨가 쾌청하고 온도도 적당하여 활동하기 좋지만, 여름은 매우 무덥고 겨울은 혹독하게 추워요. 우리나라 사람들은 계절이 바뀔 때마다 옷과 이불, 먹을거리 같은 살림살이를 마련해야 하고 집과 같은 건축물도 날씨가 바뀌고 계절이 바뀌면 대비가 필요해요. 여름에는 푹푹 찌는 폭염과 열대야 때문에 생활하기가 힘들고, 겨울에는 추위가 만만치 않으니까요.

이런 걱정과 준비 없이 에어컨이 없어도 시원하고 보일러를 가동시키지 않아도 집이 따뜻하다면 얼마나 좋을까요? 건물이 스스로 냉기와 온기를 맞춰준다면 얼마나 쾌적할까요? 과연 이런 일이 가능할까요?

패시브 하우스

똑똑한 집, 패시브 하우스

　여기 이런 집이 있습니다. 에어컨이나 보일러를 켜지 않아도 여름에는 실내 온도 26도, 겨울에는 20도를 유지해요. 계절에 따라 매우 덥거나 가장 추운 며칠은 냉난방을 해야 하지만 대개는 냉난방을 따로 하지 않아도 사람이 살기에 적당하고 쾌적한 실내 온도를 유지해요. 여름에 에어컨을 많이 켜면 전기요금 폭탄이 걱정이고, 겨울에 보일러와 난방기구를 가동하면 도시가스 요금이나 석유 가격이 걱정이지만 이 집에선 이런 걱정이 없어요. 냉난방비는 거의 들지 않거나 매우 적게 나오니까요. 아침마다 창문을 활짝 열어 환기시키지 않아도 실내 공기는 늘 맑고, 이산화탄소와 미세먼지 걱정 없이 생활할 수 있어요.

　이 집은 바로 패시브 하우스Passive House입니다. 수동적인 집? 소극적인 집? 무엇이 수동적, 소극적이라는 뜻일까요? 패시브 하우스는 집 안에 있는 따뜻한 열이 밖으로 새어나가지 않도록 첨단 단열공법을 이용하여 집을 지었어요. 즉, 최소한의 냉방과 난방만으로도 적절한 실내 온도를 유지할 수 있도록 설계했어요. 외부로부터 에너지를 끌어 쓰거나 전환하는 게 아니라 에너지가 밖으로 빠져나가는 것을 최대한 막는 방식이기 때문에 수동적passive인 집이라고 해요. 패시브 하우스는 에너지를 매우 적게 쓰면서도 쾌적하게 살 수 있는 집이에요.

이런 일이 어떻게 가능할까요? 비결은 바로 건축 원리에 있어요. 패시브 하우스는 겨울에 따뜻한 햇볕을 최대한 많이 받아들여 집 안을 데우고, 사람의 몸에서 나오는 열과 요리를 하면서 생기는 열, 전자제품 등에서 나오는 열까지 모두 붙잡아 그 열을 최대한 밖으로 빠져나가지 않게 설계했어요. 이 모든 열이 난방을 하는 셈이지요. 한편, 여름에는 뜨거운 햇볕과 더운 열기가 집 안으로 들어오지 못하게 완벽하게 차단해요. 두꺼운 벽과 지붕이 바깥 열기를 차단하고, 창문에는 외부 블라인드를 달아서 여름철 뜨거운 햇볕과 겨울철의 외풍도 막아요.

패시브 하우스를 지을 때는 5가지 건축 원칙이 있습니다. 단열, 기밀, 고성능 창호, 열교 없는 건축, 열회수 환기 장치가 필요해요. 이 중 가장 중요한 것은 단열인데 바닥과 벽, 지붕에 두꺼운 단열재를 넣어요. 매우 꼼꼼하고 철저하게 단열재로 집을 둘러싸야 하는데, 건물 벽체의 바깥에 단열재를 넣어 찬 공기가 실내로 들어오는 것을 막아요.

▲ 경남 거제에 있는 패시브 하우스.
▼ 경남 통영 연대도에 있는 패시브 하우스 마을회관.

특히 바닥과 벽, 지붕이 만나는 연결 부위에서 단열재의 빈틈이 생기지 않게 하는 게 중요해요. 마치 집을 통째로 보온병에 집어넣는 것과 같이 매우 단단하게 둘러싸요.

벽이나 틈으로 공기가 새거나 드나들지 못하도록 기밀(氣密, 꽉 막혀 공기가 새거나 드나들지 못하는 상태)도 잘해야 해요. 창문틀에도 기밀 테이프를 꼼꼼하게 붙여서 미세한 찬바람이 스며드는 것을 막아요. 집 전체에 어느 한 곳도 끊어지지 않게 기밀을 확실하게 하면 에너지를 절약할 뿐 아니라 건물이 손상되는 것도 막을 수 있어요. 열교는 열이 다른 곳보다 더 잘 빠져나가는 틈을 말하는데, 열교가 생기면 에너지가 낭비될 뿐 아니라 습기와 곰팡이가 생겨 건물도 상할 수 있기 때문에 확실히 없애줘요. 특히 건물 바깥으로 튀어나온 발코니는 열이 빠져나가는 열교가 생길 수 있는 곳인데, 이곳에는 특수 열교차단 구조물을 사용하여 열 손실을 막아요.

벽의 단열을 아무리 잘해도 창문과 출입문으로 공기가 들어오고 빠져나가면 소용이 없겠죠? 패시브 하우스의 창문은 고성능 창호인 3중 유리 창호 시스템을 달아서 밖에서 들어오는 찬 공기와 실내에서 빠져나가는 따뜻한 열을 최대한 막아서 열 손실을 줄여요. 현관문도 고단열, 고기밀이 되는 단열문을 달아서 찬 공기를 막아요. 건물을 지을 때 창문의 위치를 정하는 것도 매우 중요해요. 집을 설계할 때 여름철과 겨울철 태양의 고도를 계산하여 태양이 높이 뜨는 여름에는 햇빛이 적게, 겨울에는 집 안 깊숙이 들어오도록 창문의 위치를 정하고, 처마 기울기도 계산해요. 태양의 고도가 높은 여름에는 집 안으로 들어오는 햇빛을 최대한 막고, 태양 고도가 낮은 겨울에는 햇빛이 최대한 집 안으로 들어오도록 설계해요.

이렇게 집을 단단하게 잘 지으면 집 안은 따뜻하지만 실내 공기가 탁해지는 문제가 생겨요. 사람이 쾌적하게 생활하려면 깨끗한 공기도 매우 중요해요. 하지만 환기를 위해 창문을 열면 찬 기운이 들어와 열을 빼앗기고 실내는 추워지겠죠. 이때 필요한 것이 바로 열회수 환기 장치예요. 실시간으로 공기를 순환시키는 열회수 환기 장치는 실내의 오염된 공기를 바깥으로 내보내고, 바깥의 맑은 공기를 실내에 공급하는 일을 해요.

따뜻한 열은 실내에 붙잡아두고 탁한 공기만 걸러서 내보내기 때문에 실내 온도는 늘 사람이 생활하기에 쾌적한 온도를 유지하고 있어요. 이 장치 덕분에 환기할 때마다 열이 빠져나가는 것을 걱정할 필요가 없고, 24시간 공기를 순환시키기 때문에 가족들이 숨을 내쉬고 요리를 하면서 만들어진 이산화탄소와 미세먼지 걱정도 덜 수 있어요.

패시브 하우스의 역사

패시브 하우스는 적은 에너지로 일반 주택보다 훨씬 따뜻하고 시원하게 지낼 수 있어요. 독일 주택을 기준으로 보면 일반 주택보다 난방 에너지 소비량을 10퍼센트 정도만 사용해요. 그래서 패시브 하우스는 온실가스를 적게 배출하는 가장 친환경적인 주택이고, 기후변화 시대에 더욱 적합한 주택으로 주목받고 있어요.

이처럼 패시브 하우스는 장점이 많지만 단점도 있어요. 집을 지을 때 단열과 기밀에 많은 정성을 기울이고 3중 창호와 고기밀 현관문, 열회수 환기 장치 같은 특별한 공법을 이용하기 때문에 일반 주택보다 건축 비용이 비싼 편이에요. 집을 짓는 건축주에게는 매우 큰 부담이 될 수 있어요. 그러나 시간이 지나면 오히려 이익으로 돌아와요.

일반 주택은 도시가스나 석유 같은 난방비로 달마다 적지 않은 금액이 나가지만 패시브 하우스는 난방비가 전혀 들지 않거나 매우 적게 들기 때문에 오래 살면 살수록 이익이에요.

패시브 하우스가 에너지 소비를 최소로 줄인 수동적인 집이라면 에너지를 적극 생산하는 액티브 하우스Active House도 있어요. 액티브 하우스는 태양광과 지열 같은 자연에너지를 적극적으로 이용하여 에너지를 직접 생산해요. 패시브 하우스가 뜨거운 물을 보온병에 담아 온도를 유지하는 방식이라면, 액티브 하우스는 냄비나 주전자에서 물을 계속 끓이는 방식이라고 할 수 있어요. 그러나 대개 건축물은 패시브와 액티브 두 가지 방식을 함께 활용하는 경우가 많아요. 패시브 하우스 형태로 건물의 골격을 매우 튼튼하게 짓고, 건물의 옥상과 벽에는 태양광 패널을 설치해 전기를 생산하고 땅속에서는 지열을 끌어올려 냉난방과 급탕에 이용해요.

패시브 하우스는 난방비가 많이 들고 혹독한 추위를 견뎌야 하는 두메산골이나 바닷가 마을 같은 곳에 집을 지을 때 선호했지만, 에너지에 대한 관심이 부쩍 높아진 요즘에는 도시에서도 패시브 하우스를 많이 짓고 있어요.

패시브 하우스가 처음 발명된 곳은 독일이에요. 1988년 독일의 건설 물리학자인 볼프강 파이스트Wolfgang Feist와 스웨덴 룬드 대학의 교수 보 아담손Bo Adamson이 처음 이 집의 원리를 개발했어요. 1990

년에는 독일 헤센주 다름슈타트 크라니히슈타인 지역에 볼프강 파이스트의 집이자 4세대가 함께 사는 연립주택을 패시브 하우스 방식으로 처음 지었어요. 이것이 세계 최초의 패시브 하우스였어요. 온대 지방에 있는 독일도 여름 더위와 겨울 추위를 견디는 것이 매우 중요하기 때문에 가장 쾌적한 집에 대한 연구를 많이 했어요.

최초로 지은 이 패시브 하우스에는 사람들이 직접 살면서 오랜 시간 동안 온도와 습도, 이산화탄소, 에너지 소비량 등 집과 쾌적성에 관련된 측정과 연구를 꾸준히 했어요. 이 패시브 하우스가 사람이 살기에 적합한지, 건축 방식은 실현 가능한지 등에 대해 함께 연구했어요. 이후 이 집의 장점이 알려지자 유럽에서는 패시브 하우스가 에너지를 절약하는 보편적인 건축 기법으로 자리 잡았고, 전 세계에서도 많은 관심을 가지게 되었어요.

패시브 하우스에서 영감을 얻은 다양한 저에너지 건축물이 하나둘 등장했어요. 호주의 제로카본하우스와 영국의 넷제로 이산화탄소, 유럽연합의 준제로에너지, 미국의 제로에너지홈, 캐나다의 넷제로에너지 등 세계 곳곳에 에너지를 절약하면서도 쾌적하게 살 수 있는 다양한 형태의 주택이 들어섰어요.

이뿐 아니라 단독 건물이나 공동주택의 에너지 대안을 넘어 훨씬 넓은 도시 단위에서 함께 에너지 자급자족을 꿈꾸는 곳도 있어요. 중국 동탄의 에너지 자급자족 도시와 호주 애들레이드 탄소제로 도시,

영국 노스토 탄소제로 시범도시, 덴마크 롤란드섬 수소도시, 캐나다 빅토리아섬 선창가 그린 프로젝트, 아랍에미리트 아부다비 등에서도 적은 에너지로 쾌적한 삶을 살 수 있는 방법을 모색하고 있어요.

해외에서도 에너지를 생산하는 집들이 늘어나고 있다.
◀ 미국 알래스카 건물.　▶ 영국의 주택.

패시브 하우스를
만날 수 있는 곳

서울시 노원구 하계동에 있는 노원에너지제로주택은 전국 최초로
에너지 자급자족을 목표로 지은 공동주택단지예요. 전국 여러 곳에
패시브 하우스 형태의 단독 건물은 세워졌지만 121세대나 되는 대규
모 공동주택을 지은 것은 우리나라에서 최초라고 할 수 있어요.

2017년 8월에 완공한 노원에너지제로주택은 다양한 첨단 기술로
지은 튼튼한 집이에요. 고단열과 고기밀, 3중 로이유리(유리 표면에 금
속으로 된 막을 입혀 열의 이동을 줄이는 유리) 창호, 열회수형 환기 장치,
외부 전동 블라인드 등 패시브 하우스의 원리를 이용하여 건물을 매
우 튼튼하게 지어 일반 주택에서 소비하는 평균 에너지 사용량보다
약 61퍼센트를 줄였어요. 건물의 옥상과 벽면 곳곳에는 태양광 패널

1,284개를 설치해 1년 동안 전기를 40만 7천 킬로와트시나 생산하고 있어요. 또 땅속 160미터에는 천공 48개를 뚫어서 지열을 이용하는데, 이 지열로 냉방과 난방, 온수(급탕)를 이용할 수 있어요.

집집마다 사용하는 난방, 냉방, 급탕, 환기, 조명 이 5가지를 태양광과 지열로 직접 생산하고, 남은 에너지는 한국전력으로 보내요. 전기가 부족할 때는 한국전력 전기를 이용해요. 이렇게 노원에너지제로주택에서 생산하는 전력량과 입주민들이 소비하는 전력량이 1년 동안 제로Zero가 되는 것을 목표로 하고 있어요. 그래서 이곳의 이름이 노원에너지제로주택이 된 거예요.

이 주택에는 눈여겨봐야 할 특징이 더 있어요. 바로 난방과 조명, 취사 등 집 안에서 사용하는 에너지 양과 온도, 습도 등을 실시간으로 측정하는 스마트홈 시스템을 갖추고 있다는 점이에요. 무심코 플러그를 꽂아둔 채 소비하던 대기 전력도 이 시스템이 자동으로 차단해줘요. 기둥과 바닥, 천장 등 건물의 골격은 매우 튼튼하게 짓고 벽체는 리모델링이 쉬운 구조로 설계했는데, 세월이 흘러서 집의 구조를 바꾸려고 할 때 내부 수리만 하면 100년은 거뜬히 살 수 있을 정도로 장수명 주택으로 지었어요. 또 이 주택단지 안에서는 휠체어를 탄 사람도 쉽게 이동할 수 있도록 설계했고, 건물과 건물 사이의 공간이 넓어서 정원과 텃밭도 가꾸고 빗물저장고에 모은 빗물도 이용하고 있어요.

노원에너지제로주택은 태양광과 지열로 에너지를 생산하여 온실가스를 내뿜지 않는 쾌적한 집이다.

주민들이 이용할 수 있는 마을회관과 도서관, 다목적실, 어린이 놀이터, 경로당 같은 공동 공간도 있고, 이 집이 궁금해서 찾아온 손님들이 하룻밤 지내면서 에너지제로주택을 체험할 수 있는 게스트하우스도 운영하고 있어요.

이 집에서 사는 사람들이 지켜야 할 것도 있어요. 에너지를 생산할 뿐 아니라 절약하는 첨단 기술을 갖춘 편리한 집이지만 함부로 써도 되는 것은 아니에요. 평소 에너지에 대한 관심을 가지고 절약하는 습관이 들어야 해요. 이 집에 대해 자세히 알고 싶다면 노원에너지제로주택 입구에 있는 노원이지센터를 방문하여 전시관을 둘러보고 전문 해설도 들을 수 있어요.

서울시 마포구 상암동 월드컵공원 안에 있는 서울에너지드림센터도 주목해서 봐야 할 건물이에요. 이곳은 2012년 12월 우리나라 최초로 지은 제로에너지빌딩이자 에너지자립형 공공건물이에요. 서울에너지드림센터는 자연에너지를 적극 이용하여 지은 제로에너지빌딩으로, 열 손실을 최소로 줄여주는 고효율 단열재와 고효율 3중 유리창호 시스템, 뜨거운 태양열을 차단시키는 외부 전동 블라인드 등 다양한 첨단 기술이 접목되어 있어요.

이 건물은 일반 건물과는 달리 아래에서 위로 점점 넓어지는 모양으로 마치 바람개비처럼 생겼는데, 이런 형태 역시 에너지 절약과 연관되어 있어요. 바람개비 모양의 반사벽은 직사광선의 60퍼센트 이상을 반사하여 여름 냉방에 도움이 되고 실내를 밝게 만들어줘요. 건물 안에 네모 모양으로 뚫려 있는 중앙정원으로는 자연 채광이 들어와 낮에는 실내 전등을 켜지 않아도 밝아요. 경사진 창문으로는 여름 햇빛은 적게, 겨울 햇빛은 깊숙이 들어와요.

건물 옥상과 지상에 설치한 태양광 패널(864개)에서는 연간 34만 7천 킬로와트시의 전기를 생산하고(연간 90가구 소비량), 지열 냉난방 시스템은 일정한 땅속 온도를 끌어 올려 냉방과 난방, 가습과 급탕에 필요한 에너지를 생산해요.

이뿐 아니라 날씨와 계절에 따라 달라지는 햇빛을 조절하기 위해 전동 블라인드가 자동으로 작동해요. 햇빛이 강할 때는 블라인드가 자동으로 내려와 빛을 차단하고, 햇빛의 움직임에 따라 실내의 밝기가 달라지면 조명 역시 자동으로 작동하면서 에너지를 절약해요. 실내 공기를 바꾸기 위해 일부러 창문을 열고 닫을 필요도 없어요. 탁한 실내 공기는 바깥으로 내보내고 바깥의 맑은 공기를 실내에 공급하는 폐열회수 환기 시스템이 실시간 작동하여 건물 안의 공기를 환기시켜 주고 있어요. 그래서 사람들이 많이 모여 있을 때 환기가 되지 않아 실내가 답답해지는 일도 없어요.

이렇게 최신 기술을 이용하여 건물에서 소비하는 에너지의 70퍼센트를 줄이고, 태양과 지열 같은 신재생에너지로 필요한 에너지의 30퍼센트를 직접 생산하고 있어요. 이런 원리로 에너지가 제로가 되

패시브 하우스

▲ 우리나라 최초의 제로에너지빌딩인 서울에너지드림센터.

는 것을 목표로 하고 있어서 제로에너지빌딩이라고 해요. 서울에너지드림센터는 에너지와 기후변화 문제를 다양한 전시와 체험 프로그램을 통해서 알려주는 전문 전시관이자 교육시설이에요. 누구나 이 전시관을 둘러볼 수 있고 다양한 에너지 체험 프로그램에도 참여할 수 있어요.

이 밖에도 제로에너지빌딩 공공건물은 더 있어요. 인천에 있는 국립환경과학원 기후변화연구동은 태양광과 지열로 에너지를 해결해 화석연료를 사용하지 않는 친환경 건물이고, 경기도 성남시 삼평동에 있는 탄소제로우체국은 건물에서 쓰는 에너지를 최소로 줄이고 태양광발전으로 에너지를 얻어 연간 탄소 배출량을 줄이고 있어요. 경기

▲ 서울에너지드림센터는 에너지와 기후변화 문제를 쉽게 이해할 수 있는 전문 전시관이다.

패시브 하우스

도 용인시 그린투모로우 건물과 경기도 화성시에 있는 제너하임, 대전시에 있는 한국에너지기술연구원 내 제로에너지솔라하우스, 경기도 과천시에 있는 그린홈제로하우스도 대표적인 친환경 공공건물이에요.

미래엔 패시브 하우스 시대!

앞으로 패시브 하우스는 전국 곳곳에 더욱 많이 늘어날 것입니다. 우리나라 국토교통부는 공공건물은 2020년, 민간건물은 2025년부터 모든 신축 건축물을 제로에너지 건물로 짓기로 결정했어요. 2017년부터 녹색건축물조성지원법에 따라 제로에너지 건축물 인증제를 시행하고 있는데, 건축물 에너지 효율 등급과 신재생에너지를 활용한 에너지 자립도, 건물에너지 관리시스템BEMS 설치 여부 등을 검토하여 등급을 매기고 있어요. 이 등급을 보면 좋은 집인지 그렇지 않은지를 쉽게 알 수 있어요.

개인 주택으로 지은 패시브 하우스도 늘고 있고, 마을회관이나 경로당 등 여러 사람들이 이용하는 공동 공간을 패시브 하우스 방식으로 짓는 곳도 늘고 있어요. 앞으로 패시브 하우스와 제로에너지 건물은 우리나라뿐 아니라 전 세계 도시에서도 더욱 늘어날 거예요. 특히 기후변화와 에너지 문제가 심각해질수록 패시브 하우스는 더욱 주목받고 있어요. 기후변화의 원인이 되는 온실가스는 도시에서 많은 양을 배출하고 있으니까요.

도시는 지구 면적의 겨우 3퍼센트를 차지하고 있지만 세계 온실가스 배출량의 80퍼센트 이상을 차지하고 있어요. 도시의 건물은 냉난방을 위해 에어컨과 보일러를 가동하면서 화석연료를 이용하고 많은 양의 온실가스를 내뿜어요. 에너지 손실을 최대한 줄인 친환경 건축물인 패시브 하우스처럼 전국의 모든 건물이 에너지 소비를 대폭 줄이면 화석연료 소비와 온실가스 배출량도 지금보다 훨씬 줄일 수 있어요. 이런 의미에서 패시브 하우스는 지구를 살리는 기발한 물건이자 건축물에 당당히 이름을 올리게 되었어요.

지구 일보

북극과 남극의 빙하가 녹고 해수면이 높아지고 있다. 그 영향으로 투발루를 비롯한 태평양의 섬들이 가라앉으면서 기후변화의 심각성이 널리 알려졌다. 그러나 기후변화는 먼 곳에서만 일어나는 현상이 아니다. 2018년 8월 불볕더위가 계속되면서 역대 기록을 모두 갈아 치운 폭염, 큰 피해를 입힌 태풍, 극심한 봄

▶ 기후변화 문제를 해결할 수 있을까?

가뭄 등 예기치 못한 현상이 이어지고, 변덕스러운 날씨 때문에 일기예보를 예측하는 일은 더 어려워지고 있다.

봄꽃이 피는 시기가 빨라지고, 늦가을에 진달래가 피고 겨울에 모기가 날아다니는 것은 이제 일상이 되었다. 논밭에 농작물의 씨를 뿌리는 시기는 점점 빨라지고 제주도에서 재배되던 열대과일은 남해안을 지나 점점 육지로 올라오고 있다. 지리산과 설악산, 함백산과 같이 1,000미터가 넘는 고산지대에서 자라던 구상나무와 분비나무 같은 침엽수는 집단 군락지마다 하얗게 말라 죽고 있다.

바다의 수온도 조금씩 높아지면서 명태와 참다랑어 같은 물고기의 어획량이 급격하게 줄어들었다. 알에서 깨어난 어린 물고기들은 수면 가까이로 떠올라서 성장하는데, 이때 바닷물의 온도가 올라가면 적응하지 못한 어린 물고기들은 빨리 죽고 만다. 바다거북은 알에서 깨어날 때 알이 묻혀 있는 모래 온도에 따라 암수가 결정되는데, 예전보다 모래 온도가 높아져 암컷 바다거북이 부화하는 경우가 부쩍 늘었다.

2015년 11월, 프랑스 파리에서 열린 '유엔 기후변화협약 당사국 총회'에서는 2020년부터 개발도상국을 포함한 196개국이 함께 온실가스를 줄이자는 신기후체제를 약속했다. 산업혁명 이전보다 지구의 온도를 2도 이상 상승하지 못하게 하자고 약속했는데, 각 나라의 사정에 맞춰서 온실가스 감축 방안을 자율적으로 세운 후 5년마다 목표를 조금씩 높여 제출하고 이행 상황

을 점검하기로 했다.

우리나라도 태양광발전과 풍력발전 같은 신재생에너지를 더욱 많이 보급하고, 주택과 빌딩의 단열을 꼼꼼하게 하여 난방 에너지를 줄이고 가정과 상점, 회사, 공공건물 등 사회 각 분야에서도 에너지 소비를 줄이려 노력하고 있다. 또 마을과 단체, 학교 등에서도 시민들 스스로가 에너지를 절약하고 친환경 에너지를 생산할 수 있도록 다양한 노력을 기울이고 있다.

한편, 이러한 노력에 대해 부정적인 의견을 말하는 사람들도 있다. 기후변화는 지구촌 전체에 걸쳐 광범위하게 일어나고 있기 때문에 개인의 노력으로는 한계가 있다는 주장이다. 또 정부와 지방자치단체에서 진행하는 에너지 사업은 중요한 의미가 있지만 기후변화 문제를 해결하기엔 이미 늦었다는 것이다. 그들은 기후변화 시대를 인정하고 이 기후에 적응하고 살 수 있도록 건축과 농업, 패션, 의료, 사회 기반 시설 등 각 분야에서 적응 대책을 빨리 마련하는 것이 더욱 현명하다고 주장한다. 과연 우리의 노력으로 기후변화 문제를 해결할 수 있을까?

토론해보아요

1. 위의 글을 읽고 자신의 의견을 말해보세요. 기후변화 문제 해결을 위해 노력하자는 사람과 기후변화 적응 대책이 시급하다는 주장 중 누구의 주장에 동의하는지 토론해보세요.

_____

_____

2. 기후변화 시대를 현명하게 살기 위해서 어떤 준비와 노력이 필요한지 자신의 생각을 말해보세요.

_____

_____

참고자료

1 스테인리스강

김다애, 〈비닐봉지 쓰면 감옥 가는 나라가 있다〉, 이투데이, 2018.4.6.

김희경·신지혜·장미정, 《모두를 위한 환경 개념 사전》, 한울림, 2015.

이영근, 〈플라스틱의 항변 "버릴 수 있으면 버려 봐!"〉, 매일경제, 2018.10.18.

자원순환사회연구소, 플라스틱에 대한 기본 개념과 플라스틱 쓰레기 문제에 대한 이해, 2018.11.11.

전지현, 《블링블링 스텐이야기》, 빠른거북이, 2013.

주영하, 《한국인은 왜 이렇게 먹을까?》, 휴머니스트, 2018.

헬로 포스코, 녹이 발명한 신소재, 스테인리스강과 내후성 강판(newsroom.posco.com/kr), 2015.10.20.

2 금속 젓가락

수암제약 공식 블로그, 알고 계셨나요? 나무젓가락에도 유통기한이 있다는 사실, 2014.7.24.

Q. 에드워드 왕 지음, 《젓가락》, 따비, 2017.

주영하, 《한국인은 왜 이렇게 먹을까?》, 휴머니스트, 2018.

청주 젓가락 페스티벌 www.culturecj.com/2015-1

3 종이

김우정, 〈코끼리똥이 세상을 구한다?〉, 허핑턴포스트, 2014.10.29.

네이버 지식백과, 종이의 기원.

네이버 지식백과, 채륜[蔡倫].

레이첼 카슨, 《침묵의 봄》, 에코리브르, 2011.

송성수, 《발명과 혁신으로 읽는 하루 10분 세계사》, 생각의힘, 2018.

투시타 라나싱헤 글·로샨 마르티스 그림, 《똥으로 종이를 만드는 코끼리 아저씨》, 책공장더불어, 2013.

4 재사용 가게

다음백과, 벼룩시장.

박서강 기자, 〈삭아버린 재킷, 뒤축 떨어진 구두… 기부 맞습니까〉, 한국일보, 2018.12.6.

옥스팜 코리아 블로그, 옥스팜의 백 투 더 퓨처(blog.naver.com/oxfamkorea).

자원순환사회연구소, 쓰레기 문제 및 자원순환에 대한 기본 이해, 2017. 3. 19.

제갈임주, 〈재활용 시민운동의 개척자〉, 푸른 내일을 여는 여성들, 2014.03.29.

푸른 내일을 여는 여성들 소식지 88호.

5 공원

국립공원공단 www.knps.or.kr

국립공원관리공단, 《국립공원 백서》, 2009.

국립공원관리공단, 〈자연과 사람, 그리고 국립공원의 미래〉, 2007.

김한수, 알기 쉬운 도시공원 이야기(서울숲 강의).

수원시 공원녹지사업소 녹지경관과, 〈미세먼지 저감 도시숲 조성 매뉴얼〉, 2019.

이지훈, 《미국의 국립공원에서 배운다》, 한울, 2010.

6 야생동물

김동진, 《조선의 생태환경사》, 푸른역사, 2017.

김백준·이배근·김영준, 〈한국 고라니〉, 국립생태원.

최현명, 〈네 발로 걸어라!〉, 녹색교육센터 자료집.

최현명, 〈한국 야생동물 수난사〉, 녹색교육센터 자료집.

하정옥, 〈그러니 그대 사라지지 말아라① 자연의 경고, 사라진 꿀벌〉, 녹색연합.

7 자전거

강신호 외, 《자전거로 충분하다》, 교육공동체벗, 2017.

남준희·김민재, 《굿바이! 미세먼지》, 한티재, 2017.

네이버 지식백과, 자전거-인간이 발명한 가장 효율적인 이동수단.

전우용, 〈전우용의 현대를 만든 물건들, 자전거〉, 한겨레, 2019.02.13.

8 적정기술

김정태 외, 《인간 중심의 기술 적정기술과의 만남》, 에이지21, 2012.

김정태·홍성욱, 《적정기술이란 무엇인가》, 살림, 2011.

나무위키, 라이프 스트로우.

위키백과, 라이프 스트로.

이경선, 《국경 없는 과학기술자들》, 뜨인돌, 2013.

9 태양전지

김세훈 기자, 〈인도, 세계 최초 태양광 공항 가동〉, 경향신문, 2015.08.20.

김익중, 《한국탈핵》, 한티재, 2013.

다음백과, 베크럴.

다음백과, 원전사고와 방사선 공포.

다음백과, 후쿠시마 원전 사고.

〈도로에서 전기를… 세계 첫 '태양광 도로' 개통〉, KBS 뉴스, 2017.02.20.

〈솔라임펄스2, 석유 한 방울 없이 505일간 지구 한 바퀴 날았다〉, 연합뉴스, 2016.07.26.

전기박물관, 한국의 전기 역사(home.kepco.co.kr).

한국에너지관리공단 신재생에너지센터.

10 패시브 하우스

이명주, 《건축물 중심 제로에너지도시》, 마실와이드, 2017.

한국 패시브 건축협회 www.phiko.kr

SAVE THE EARTH

지구를
살리는
기발한
물건10

ⓒ 박경화, 2019

초판 1쇄 발행 2019년 7월 17일
초판 14쇄 발행 2024년 9월 5일

지은이 | 박경화
펴낸이 | 이상훈
편집2팀 | 원아연 최진우
마케팅 | 김한성 조재성 박신영 김효진 김애린 오민정

펴낸 곳 | (주)한겨레엔 www.hanibook.co.kr
등록 | 2006년 1월 4일 제313-2006-00003호
주소 | 서울시 마포구 창전로 70(신수동) 화수목빌딩 5층
전화 | 02) 6383-1602~3 **팩스** | 02) 6383-1610
대표메일 | book@hanien.co.kr

ISBN 979-11-6040-268-1 03300